アメリカ凶悪犯罪の専門家が明かす

無差別殺人犯の正体

連続殺人・大量殺人が起こる
本当の理由

阿部 憲仁

学 文 社

Key point

連続殺人—最低３回，一定の感情的冷却期間をおいて行う殺人。冷却期間は数日，数週間，数カ月，または数年や数時間の場合もある。一つひとつの殺人は感情的に明確に独立。

大量殺人—同じ場所で一度に４人以上を殺害すること。殺害は一建物内の複数の部屋に分散し殺害行為は数分または数時間に及ぶこともある。すべての殺害は同一の感情的理由による。

スプリー殺人—２カ所以上の離れた場所で，感情的冷却期間をおかずに行われる殺人。そのため，殺害行為そのものは比較的短期間しか継続しないケースが多い。

（元 FBI プロファイラー　ジョン・ダグラス＆マーク・オルシェイファー 1999年『動機の解明』より）

はじめに

「誰でもよかった」

神戸連続児童殺傷事件の酒鬼薔薇聖斗も、
秋葉原通り魔事件の加藤智大も、
附属池田小事件の宅間守も、
豊川市主婦殺人事件の一七歳男子も、
佐世保高一同級生殺害事件で逮捕された一六歳の少女も、
ＡＫＢ48のメンバーをノコギリで襲撃した二四歳無職の男も、
担当していた人工透析患者の医療用チューブを引き抜いた四九歳の腎臓内科医も…
彼らは、犯行後、みな口を揃えてこの旨の発言をする。

なぜ…?

これほどの数の人間がこう言うからには、何か理由があるはずだ。

何の関係もない人間が繰り返し殺されている現実。

たまたまその場に居合わせたら、あなたやあなたの大切な家族も被害者になってしまうかもしれない。

しかし、何度こうした事件がニュースで報じられても、誰もハッキリとこの問いに答えてはくれない。

この本は、

この「どうして誰でもよかったのか？」といった単純な疑問にストレートに答えるために書かれました。


私はこれまで、数多くのアメリカの凶悪犯たちと直接やり取りを重ね、彼らの「生い立ち」と「性格」を分析してきました。

チャールズ・マンソン、リチャード・ラミレズ（故人）、デイビッド・バーコウィッツ…

日本で知っている方は非常に少ないかと思いますが、現在生きている全米を震撼させた連続殺人犯と大量殺人犯（そして、凶悪なギャング、マフィア、白人至上主義グループのリーダーたち）の非常に多くの者たちと直接コンタクトを取ってきました。彼らとの手紙のやり取りと面会、そして、膨大な研究資料を合わせることで、連続殺人や大量殺人といった犯行を犯す者たちが、一体どんな人間で、どんな環境から誕生するのかという疑問の解明に努めてきました。

アメリカに目を向けたのは、現段階では、日本にはそうした事例がまだ十分存在しないからであり、アメリカの現状を先取りすることで、これからの日本社会の安全のためにフィードバックしたかったからです。


私はあくまで教育学者です。

精神科医や臨床心理士、犯罪心理学者ではありません。

そのため、本書は彼らの心理分析や治療を目的としているのではありません。

むしろ、

「教育」という「人を育てる」立場から、どのような「家庭環境」や「社会環境」がこうした反社会性へとつながってしまうのかといった理解を社会に広めることを目的として書かれています。

ですから、個々の事例のより詳細な精神的・心理的分析に関しては、公の精神鑑定書や専門書が出されていることと思いますので、それらを参考にしてください。

ただ、日本国内だけに留まることなく、米国のケースも含めた複数の連続殺人犯・大量殺人犯の家庭環境を分析し、その共通パターンを見出そうとする試みは、
これまで一度も成されたことはありませんでした。

そうした意味では、この本は、

「実際にどのような環境が連続殺人犯や大量殺人犯を生み出してしまうのか」といったテーマに真正面から取り組んだ最初の本であると言えると思います。

現在、医学的立場からは、サイコパスなどを含め、反社会的な人格というのは、遺伝的な要因が、五〇％近くを占め、それが環境的要因と密接に絡み合うことで生まれるものと考えられています。

この考え方には確かに一理あります。

暴力的な遺伝子を持った子どもの場合、乳児期に人から触られるのを嫌がったり、あまりニコニコと反応しないため、大人が面倒を見なくなってしまい、結果的に、そうした生まれながらの要因が、ネグレクトや虐待といった環境要因を生み出してしまうことが多いからです。

例えば、連続殺人犯の勝田清孝は、子どもの頃から絶えず落ち着きがなく、何かあると目をパチパチさせ、大人になってからも情緒不安定で、酒を飲んでいるときもいつも指を動かしていたといいます。

また、麻原彰晃（松本智津夫）も、幼い頃から自尊心が強く頑固で、すぐにケンカになってしまうため男の子とは遊べず、女の子の性器に砂を入れたり、便をつかませたりといった奇行を示しています。

こうした特徴は、遺伝的なものから来ている可能性も否定できません。

しかし、野生のクマやライオンであっても、愛情を掛けて育てることで人間と一緒に暮らせている例は数多く存在します。

つまり、遺伝的要因の存在は認めるとしても、

環境的要因にも一定の実質的影響力があり、

そこには何らかの共通のパターンが存在する可能性は決して低くないはずです。

そもそも人間というのは、いついつにあるハッキリとしたことが起こるという明確な「恐怖」より、その内、得体の知れない何かが起こるかもしれないといった漠然とした「不安」の方が、対処できない分、心理的に追い込まれるようにできています。

「無差別殺人」という一見まったく理解できない異常行為が、かつては安全がウリであったこの小さな国で、なぜ起こり、最近どうしてこんなに増えてきているのかを理解することは、あなたが現代社会の中でいつしか抱くようになってしまった「漠然とした不安」から解放されるには絶対に必要なことなのです。

そのため、本書は、専門家ではない一般の方にも分かっていただけるよう、学術的な理論や専門用語を極力避け、説明を単純化するよう努力しました。

本書を手に取っていただいたあなたに、

人間の「究極の醜い性」というものが、

意外にも
身近でよく目にするごくありふれた状況の延長線上で生ずる
ということをご理解いただく一方で、ご自身を含め、人間の人格というものがどのような環境から形成されるものなのかということを考える**キッカケ**となっていただければと思います。
人間社会というのは決してきれい事だけで成り立っているわけではありません。
しかしながら、そこには、「**ゼッタイにやってはいけないこと**」があり、それをみんなで守ってきたからこそ、これまで一人ひとりの安心な暮らしが担保されてきたのです。
そのことを本書で改めてご確認いただければと思っています（なお、内容をできだけシンプルにお伝えするため、以下、敬語は意図的に省かせていただきました。読者の方や人間一般に対する敬意の欠如ではないことをお断りしておきます）。

二〇一六年一月五日

筆　者

目次

1. 無差別殺人のメカニズム

❖ 直接関係のない相手に対する攻撃性とは？

無差別殺人…

そもそも、相手がハッキリと決まっていない暴力とは、

一体どういうものなのだろう？

一般に、

ハッキリと相手が決まっている暴力行為というのは、

相手がやったことに対し怒りを感じ、

その直接的な仕返しとして行う行為であり、

「反動的な攻撃性（reactive aggression）」と呼ばれる。

その場の臨場感（アルコールが入っていたり、仲間がいる等）

に左右されるところが大きいケースであるとも言える。

それに対し、

無差別な暴力行為というのは、

相手が何をしたかに本当の原因があるのではなく、

もともと本人の中に誰かを攻撃したいという願望がある場合に起こる。

言い換えれば、

被害者とは関係のない場所で、アタマにくることがあり、

そのムシャクシャの発散場所を探し求めている場合に生じる行為であり、

「常態的な攻撃性（trait aggression）」と呼ばれる。

自分にとって気に入らない行為をした当事者への報復というのは、

たとえば誰かが自分の恋人にちょっかいを出すなど、

誰にでもあり得ることなので容易に理解できる。

しかし、時として、

相手が、ケンカをしても絶対に勝てなかったり、

ケンカをすることすら許されないような場合というものが存在する。

例えば、

やってもいないことに対して父親から叱られたり、

事の真相を調べもせず一方的に教師に責められたり、

体力では絶対に勝ち目のない上級生からいじめを受けたり…
父親に殴りかかれば、逆に自分が殴られ、家から追い出される事態になりかねないし、
教師に直接手を上げれば、まず間違いなく退学処分になるだろうし、
上級生に口答えすれば、逆にシメ上げられ、
その後、学校に通えなくなってしまうかもしれない。
こうした場合、直接報復行動に出ることができない。
常態的な攻撃性というのは、正にこうした直接行動に移すことのできない怒りが、その人間の内に溜め込まれ肥大化したものと考えることができる。

そもそも、「怒り」というものは、
健全な精神状態を維持するためには、外に「排出」されてしかるべきものである。
なぜなら、日常の生活を送り続けるためには、
そうした怒りを押し殺し、自分の日常から切り離す必要があるからだ。
しかし、
こうしてケアーがなされないまま抑圧されている怒りというものは、
「ドス黒い無意識」となって潜在し続け、
いつしか通常の人格から完全に解離してしまうような場合すらあり得る。

もちろん、
私たちが日頃遭遇するようなさほど深刻でない出来事の場合には、
やがて時間と共に忘れたり、
仲の良い仲間に打ち明けたりすることで解消され、
そこまで至ることはまずあり得ない。
しかし、
自然と解消できないようなレベルの怒りというものは、
正しい形で処理がなされない限り、
人格を歪めるような形で本人の中に存在し続けることになる。

そして、
こうした当事者に直接ぶつけられず、本人の中に溜め込まれてしまった怒りは、
通常、
間接的に、気づかれないような陰湿な形で当事者に対して解放されるか、
当事者ではないもっと弱い相手に対して向けられるか、
のいずれかの形で必ず表出する。
これが「無差別殺人」という、

まったく身に覚えのない人間が攻撃される基本メカニズムだと言える。
しかも、
常態的な攻撃性の場合、
本人の頭の中で長いこと抱え続けられている間に正当化がなされてしまい、
「無差別殺人＝正義」という図式が完全に成り立ってしまっている場合が非常に多い。

例えば、
弟の方が挑発してきたことでケンカになり、
弟を泣かせてしまい、
そのことで事の善し悪しも確認せずに父親から叱られたとする。
「あっちから手を出してきたんだ」
と言っても、
「お前、お兄ちゃんなんだから、そんなことくらい、我慢できなきゃしょうがないだろ」
と父親に言われてしまえば、
自分に全く非のないことなのに、
それ以上父親に口答えできず、
再び弟に当たればもっと父親の怒りを買う。

しかし、
この怒りをこのまま抱え込んだ状態では、
アタマにきて何も手に付かず、夜眠ることもできない。
こんな時、
弟に似た生意気な子どもを見かけたとしたら、
その子に何か意地悪したいような衝動に駆られるかもしれないし、
父親に似た男性が車から降りてくるところを見掛けたとしたら、
その車に傷をつけたいような気持ちを抱くかもしれない。
ひょっとしたらネットの掲示板などに、
まったく関係のない相手に陰湿な書き込みをするかもしれない。
われわれ大人であっても、
黒塗りの外車に急に割り込まれてもむやみに対抗できないため、
代わりに、弱そうな原付バイクに意地悪したくなるような心理は分からなくない。
分かりやすく言えば、
無差別殺人というのは、
こうした直接報復を妨げられた怒りが、溜め込まれ時間をずらして、
自分より弱い、もしくは、無抵抗な対象に間接的に、向けられる行為だと言える。

一般に

人間というものは、

母親（もしくはそれに代わる存在）とのやり取りから、

対人関係の基礎となる「対人対応モデル」を構築する。

よく「三つ子の魂百まで」と言われるように、

「三歳」までは特に重要で、

子どもは外部からのインプットに対して特に敏感であるため、

この時期に体験することは、その子どもに一生影響を与えてしまう（脳の5/6は生後形成される。脳の細胞分裂自体は生後5ヵ月でほぼ完成し、シナプスは三歳位でピークを迎える）。

つまり、

乳・幼児期の経験は、早ければ早いほど脳の形成に影響するためより人格の深くに刷り込まれ、その人格の一部として後の常態的攻撃性につながりやすいと言うことができる。

そのため、

四～五歳位までは、

大人は、「**恐怖**」や「**放置**」**といったことから子どもを意識的に守る**ことによって、

彼らが理由もなく攻撃性を抱えた人格を形成することから防ぐ必要があると言える。

❖「虐待」と「ネグレクト」では精神的影響がまったく異なる‼

ここで、
無差別な怒りを考える上で、
どうしても知っておかなければならない大きなポイントが一つある。
それは、
同じ無差別な怒りでも、
「大量殺人」に代表される**単発的**な性質の強いものと、
「連続殺人」に代表される**継続的**な性質の強いものの
大まかに二つのタイプに分かれるということである。

大量殺人系（単発系）の場合、
犯行後、自ら自殺したり、
自分では死ねないため、警察官の銃弾で事実上の自殺を図ろうとしたり（「警官による間接的自殺」と呼ばれる）といった、**自分の命と引き換えの犯行**である場合が多い。
それに対し、

連続殺人系（継続系）の場合、
犯行後もまた同様の犯行を繰り返し、
基本的に自らの命を絶とうとする者はまずいない。
こうした違いは一体どこから生まれるのだろう？

ここで一つ説明しておきたい基本法則がある。
それは、
機能不全家庭であっても、
そのタイプによって、その影響が大きく異なるということである。
つまり、
俗にいわれる、「虐待」と「ネグレクト（怠慢／放置／無視／放棄）」とでは、
その子どもに与える影響がまったく違うのである。
一般に、

虐待　⇓　心の傷からくる心理的な歪みと攻撃性
ネグレクト　⇓　自己否定／他者の否定と社会への不満／対人能力の欠如／精神的成長の停止／学力の低

下／孤立／情緒不安定／過度の他者依存性／無関心／不幸感

（注） 一般に、ネグレクトだけの場合の方が、虐待のみや虐待＋ネグレクトの場合よりも人格に対するダメージが大きい。

これらを基に考えてみよう。

「連続殺人系」の場合、

通常、幼少期から、子どもに怒りを植え付けてしまうような環境が存在している。

例えば、幼い頃から母親や父親から肉体的・精神的虐待を継続的に受けてきた場合、子どもの中にそれに対する怒りの感情が芽生えるが、幼い子どもには親に対して報復することなどできない。

また、

子どもの心理構造は、

大人のように個人として独立しておらず、

親に依存して成り立っているため、

その依存相手が攻撃性を持っているということの影響は、

想像以上に大きい。

結果的、
子どもは必然的にこの行き場を失った攻撃性を抱えたまま育つことになり、
心の平静を保つため、
時折「放火」や「動物虐待」「万引き」などいった形を取って、
親以外の対象に向けて怒りを外に放出し続けることになる（「放火」「動物虐待」「夜尿症」の三つは「マクドナルドの三角」と呼ばれ、これらが揃うと連続暴行犯になる可能性が高いと指摘された）。
やがて彼らが思春期を迎えると、
「性的エネルギー」というもう一つの巨大なエネルギーが芽生えるようになる。
そもそも、人間というのは
自分の抱えるコンプレックスや怒りといったさまざまな心理的な問題を
性的行為の中に織り交ぜて解消する習性がある。
そのため、
幼少期に植え付けられた攻撃性も、
こうした性的エネルギーに融合され、
子ども時代の怒りよりも遥かに大きな「人の殺害」という形となって、
外部へと放出されるようになる。
「殺人」という究極のレベルにまで至ってしまうのは、

それが攻撃願望を抱えた者たちにとっては究極の暴力であり、最高の快感を与えてくれるからである。

しかし、結局のところ、

こうした間接的な放出は、

あくまで直接的な問題の解決ではないため、

一時的な満足感を与えてはくれるものの、

時が経って似たような屈辱的な状況に出くわしたりすると、

再び頭をもたげ、

新たな殺害行為へとつながってしまう（因みにアメリカの「女子大生殺人鬼」のエドモンド・ケンパーは怒りの元凶であった母親を殺害後は殺人行為を繰り返さなくなっている）。

この、

怒りが本来の相手に向けられないことから

本質的な解決がなされないということが、

殺人という犯行が繰り返されてしまう原因と言える（連続殺人の多くは性的性質を帯びている。ＦＢＩプロファイラーのジョン・ダグラスは、一見殺害行為が性的性質のものではないように見える場合も含め、連続殺人はすべて性的行為だとしている。例えば、相手を鋭利な刃物で刺す行為が、その連続殺人犯にとっては、性行為と同じ意味合いを持っていることも少なくない）。

一方、
「大量殺人系」の場合、
怒りの本質が連続殺人系とはまったく異なる。
幼少期からネグレクトを受けてきた者というのは、
人との接触経験が少ないことから
人への接し方が分からず、
他者と上手くコミュニケーションを取ることができない。
また、
他者との関係性の中で自分自身を確認できていないため、
精神的にも非常に不安定な状態にある。
そのため、
いざ他者を相手にすると
対人恐怖で内に籠ってしまい会話をすることができなかったり、
相手の気持ちを考えないきわめて幼稚な対応を取ってしまい、
そうした自分が取った一つひとつの行動に対する相手の反応に対し、
気分が大きく浮き沈みしてしまう。
例えば、

小学校で銃を乱射し二七人を殺害したアダム・ランザは、
クラスメートと友達になろうとしても
登校途中のクラスメートを後ろからビックリさせるような幼稚なアプローチしかできず、
クラスでいじめに遭い完全に孤立してしまった。
人間は誰であっても例外なく周りに受け入れて欲しいという願望を持っているものだが、
特にこうした孤立タイプの子どもは、
周りの人間に受け入れて欲しいという願望が人一倍強い。
が、
そうした本心とは裏腹に、
イジメにまでは至らぬとしても、
周りから敬遠され、
社会的に孤立した状態に置かれてしまうことから、
自分だけが「仲間外れ」にされているという強い「妬み」と「恨み」の感情を抱くようになり
結果的には非常に大きな「怒り」となって大量殺人に向かってしまうのである。

つまり、幼い頃から、
不当な圧力を受けてきた人間が連続殺人系に、

心がネグレクトされ、心理的に孤立し、社会を否定するようになってしまった人間が、
大量殺人系へと進み、
それぞれが、
こうした異なる怒りを解放するタイミングを常にうかがいながら、
私たちと同じ社会の中で暮らしているということになる。

❖ 怒りの本当の原因は「幼少期」にあり、「直前の出来事」にあるのではない!!

連続殺人も大量殺人も、
基本的に、怒りの大元は
犯行時よりも遥か前の
幼少期から始まったものであり、
犯行直前の出来事は、
累積された怒りが解放される単なる引き金（トリガー）に過ぎない。
既に子ども時代から彼らの多くに、何らかの奇行や特異性が見られるのはこのためである。
つまり、被害者たちが彼らにしたことに真の原因がある訳ではないのである。

そのため、もし仮に、状況が異なり、彼らの犯行がいったんは回避されたとしても、
彼らの中に溜まった怒りは、
そう遠くはない別の機会に間違いなく似たような犯行を引き起こしていたものと考えられる。
つまり、犯行が起こるのは時間の問題だったのだ。
そもそも、
十分な愛情を掛けられて育った人間というものは、
どんなに追いつめられたところで、
よほど特殊な条件が揃わない限りは
殺人という最後の一線を越えることはない。
それに対し、
その一線を平気で越える人間というのは、
力学的に見て
犯行前に彼らが置かれていた環境自体が、既に一線を越えた異常なものであったと考えられる。
そのためほとんどの場合、
彼らの頭の中では犯行のイメージが空想の形を取って何度も何度も繰り返され、
既に「現実」と区別がつかないレベルになっており、
一線を越えるという意識すらないことの方が多い。

ただ、

幼少期の環境が

その後の人格に大きな影響を与えることは確かだが、

別に、多少の虐待やネグレクトを受けたからといって連続殺人や大量殺人に至る訳ではない。

こうした究極の暴力行為を確信的に行えるということは、

幼少期からの彼らの人生の中に、それに匹敵するだけの「圧力」や「孤独」が

必ず存在していたことを意味する。

つまり、

歪んだ経験が、「時期」「強度」「均一度」「密閉度」といったさまざまな面で、

一般の私たちが経験するレベルを遥かに越えていない限り、

こうした究極の行為には至らないのである。

例えば、両親が気が短いが時折に機嫌の良い時があったり、自分の周囲に相談できる仲間がいたりする場合には、そうした犯行にはつながりづらいし、

また、歪んだ経験をする時期が小学校入学以降といった、既に基本的な人間性が確立された後の比較的遅い時期であるような場合には、

連続殺人犯に見られるような人格の変質にまで至るとは考えにくい。

❖ ネグレクト〝的〟環境の存在

大量殺人に関して、
もう一つ指摘しておかなければならないことがある。それは、
「**心理コントロール**」「**過保護**」「**過度の非柔軟性**」は「**ネグレクト**」と同様の効果をもたらすということである。

つまり、一見、まったく異なる環境に見えるものの、
心理コントロール・過保護・過度の非柔軟性も
結果的には、
大量殺人的な人格へとつながってしまうということである。

ネグレクトされた子どもというのは、
家庭内で親に相手にされていないことから、
自己に対し自信を持つことができず、
また、家庭で対人技術が身に付けられないことから、

社会の輪の中にうまく入って行くことができない。
その結果、孤立し
社会を逆恨みすることで、
他者を道連れにする形で自爆（大量殺人）へと向かってしまう。

心理コントロールというのは、
親が子どもに対し
ガミガミ批判したり、暴言を吐いたりすることではない。
これはむしろ「心理的虐待」に当たり、
その不自然な圧力から
子どもは連続殺人的方向へと向かってしまう。
そうではなく、
子どもが自分の思い通りのことをしない時に、
親が直接怒るのではなく、
むしろガッカリしたような態度を取ることで
子どもの気持ちを引こうとする場合がある。
これが心理コントロールであり、

こうした場合、

子どもは、

親に気に入られようとして絶えず親の顔色を窺い、

自分の本心を殺して**自分から親の理想の子どもを演じるようになる。**

こうした状況は、例えば、

夫婦関係が上手く行っておらず、もう少しで離婚しそうな家庭や、良い成績を取り続けなければ親に失望され、家庭内に精神的な居場所を失ってしまうような場合にも生じやすい。

子どもはいつもビクビクしていて、自分を殺してでも親の期待に応えようとする。

こうした他人の顔色を窺う姿勢はあらゆる対人関係において習慣的になり、結果、

家庭の外でも「本当の自分」を殺し、

いつもビクビクと人の顔色ばかりを窺いながら、

時にお調子者を演じたりといった

ウソの自分を装って他者と交わることになる。

つまり、表面上は社会に溶け込んでいるように見えるものの、

本当の自分は、完全な孤立状態に置かれ心が満たされることは決してないのである。

一方、

過保護の場合、

生きて行くために本人が当然やらなければならないことを母親が代わりにやってしまうため、

子どもは、母親の支えがなければ生きて行くことのできない依存性の強い人間になってしまう。

また、そうした支えのない学校や社会では、

子どもの心は満たされず、

すぐに不機嫌になってしまうことから、

周りの人間から敬遠されたり、いじめられたりするようになり、

やがて子どもは、自分から他者との交流を避けるようになる。

また同時に、

子どもは本来、自分の事は自分でやりたいという欲求を持っているため、

そうした機会を奪ってしまう親に対し無意識の内に怒りを覚えるようにもなる。

そもそも、過保護とは、

親自身の抱える不安から、子どもの自立する機会を奪ってしまう行為であり、

子どもは**対人的な技術を身に付けることができず、**

家庭内での生活との落差から**社会を不当と考えるようになり、**

親の不安を引き継ぐことで、結局は、

子どもが社会に入って行く能力を奪ってしまう。

一見ネグレクトとは正反対の行為に思えるものの、
子どもの発達という観点からすると、
過保護はネグレクトと基本的に同じ結果をもたらしてしまうのである。

それと、
親が極度に柔軟性のない場合も
親は自分の信念を子どもの要求より優先してしまうため、
子どもが何か要求しても、
そうした要求はいつも無視され、事実上ネグレクトされることになる。
しかも、
子どもは、そうした親の頑固な姿勢を、一年三六五日、毎日目にしていることから、
そうした親の姿勢は知らず知らずの内に、
子どもの中にも浸透してしまう。
つまり、
親の頑なな考え方によって無視され続けることで生じた心の空白には、
そもそもそうした空白を生み出した、
親の柔軟性のない姿勢や考え方が入り込んでしまうことで、

親にも勝る柔軟性のない、人間を生み出してしまい、
そうした凝り固まった姿勢は、やはり社会的孤立を生み出すことにつながる。

つまり、心理コントロール、過保護、非柔軟家庭で育った子どもは皆、
結果的には、
本当の自分の心が置き去りにされたり、
周りから避けられ、社会的に浮いてしまうことで、
ネグレクトされた者と同じように、
社会的に孤立し、
社会に対し、強い不信・不満・怒りを抱き、
社会を否定するようになってしまうのである。
しかし、
人間は、本来、「社会的動物」といわれるように、
孤独を心の底から願っている者などこの世に存在しない。
社会に受け入れられたいという強烈な願望を抱えながらも、
社会的な孤立を強いられてしまう彼らの行き着く先は、
結局、自滅しかなくなってしまうのである（注：**大量殺人犯には、社会的孤立による不安から、武器、軍**

隊、原理主義的宗教や極端な民族思想といった、敵視している対象を一掃できる「絶対的な力」を約束してくれるものに嵌り込んでしまう者が非常に多い)。

❖ 微妙な環境の違い

先にも触れたように、
虐待とネグレクトでは、
ネグレクトの方が子どもに対する精神的ダメージが大きい。
確かに虐待は子どもを精神的・肉体的に傷つける行為ではあるが、
たとえ攻撃的なものであれ親からある種の反応が得られるという点では、
一応は親とのコミュニケーションが存在していると言える。
しかし、ネグレクトの場合、
親との間にそんなネガティブなやり取りすら存在しないため、
子どもは生きて行くために最低限必要なエネルギーやノウハウすら吸収することができない。
つまり、
虐待は外部からのインプットがあるため、

最低限生きて行けるエネルギーを吸収できるのに対し、
ネグレクトはインプットそのものがないため、
生きるためのエネルギーや気力すら持てないのである。

例えば、
三四人の女性を殺害したアメリカの連続殺人犯ジェラルド・シェイファーの父親は、
もともと女の子が欲しかったことから、
妹ばかりを可愛がり、
シェイファーに対してはいつも批判的で、
母親も常に小言ばかりを繰り返した。

そのため、
子ども時代の彼は自殺することばかりを考え、
自分を傷つけることに快感を覚え
妹と一緒に、自分が殺されるようなゲームばかりをして遊んだ。

しかし、
こうした自分に向いていた攻撃性は、
思春期を迎える頃から、
自分以外の、外部の女性に向けられるようになっている（自殺や自傷も自身を対象にした攻撃行為と考えることができる)。

このように、

連続殺人には、注意してみると、

必ず外に向かうエネルギーの源となる圧力要因が確認できる。

しかし、大量殺人には、

そもそも、こうした外に向けられるエネルギーの源になるインプットすらないのである。

つまり、イメージ的には

連続殺人がエネルギーがプラスであるのに対し、

大量殺人はエネルギーがゼロなのである。

そのため、

虐待系が、

ウソをついてだますことでターゲットを獲得するという、

自分にとって「楽しい」活動を繰り返すに向かうことができるのに対し、

ネグレクト系は、

人間の「生きる」象徴の一つである性的な欲求すら叶えることができない場合も多く、

生き続けることに意味すら見出すこともできず行き止まり的な心理に陥ってしまう。

その結果、ネグレクト系は、

「恋愛」や「性」に代って、
「自死」と「復讐」とが融合した「自滅へのエロティシズム」に、
強いロマンを抱くようになってしまう。
この、**自分にとって楽しいこと**（＋）**に向かえるか、向かえないかが、**
連続殺人系と大量殺人系の大きな違いと言える（「大量殺人」のことを、本人自身が抱える心理的問題から自爆に向かう性質が強いことから「自己発生的殺りく」と呼ぶ学者もいる）。

確かに、連続殺人犯にしても、大量殺人犯にしても、**社会的に孤立**して暮らす者が多い。
しかし、その本質は大きく異なっている。
先にも述べたように、
大量殺人犯は本心は他者と交わりたいのだが交われない。
一方、
連続殺人犯は自分が抱えている異常な殺人願望が、
他人には到底理解してもらえるようなものではないということが分かっているため、
自らの選択で他者との関わりを絶っているケースが多い。
つまり、
共に孤独な生活を送っていても、

仲間に入れてもらえないから一人でいるしかないのと、
どうせ理解してもらえないと判断して、自ら一人でいる方を好むのとで
大きく質が異なる。

また、先ほど触れた、
連続殺人系の**心理的虐待**と、
大量殺人系の**心理コントロール**もその質は大きく異なる。
心理的虐待が子どもの気持ちを完全に無視して親の価値観を一方的に押し付けるのに対し、
心理コントロールは、親の願望を満たせば愛してやるという
条件付きの形の上だけでのコミュニケーションが成り立っている。
結果、
前者はいつも一方的にガミガミ言われることに対して「**怒り**」を覚えるのに対し、
後者は絶えず親の顔色を見ながら、ビクビクした「**不安**」な状態に置かれることになる。
つまり**力のベクトルの方向性が、**
親から子どもに向かうのと、
子どもから親に向かうのとでハッキリと異なるのである。

また、同じ大量殺人系の環境であっても、
母親が精神的な障害を抱えていて
「出産直後」から面倒を見なかったり、
夫婦の間にまったく会話がないといったような場合に生ずる
「強度のネグレクト」は、
親の心理コントロールや過保護といった表面的なやり取りが存在する場合以上に子どもに与える
精神的なダメージが大きい。
親の心理コントロールや過保護の場合、
実質はともかく、
家庭内で表面上のコミュニケーションが存在しているため
子どもも表面的になら他者と仲良くすることは可能であり、
異性とも付き合えない訳ではない。
しかし、そうした場合も、
あくまで本音を隠した表面的な付き合いであり、
心底からの絆という訳ではなく、
心の中は一人ぼっちであることに変わりない。
そのため、やはり、

生きることや社会に対して意味を見出せず、
「恋」や「愛」といった生きる喜び（＋）よりも
「悲劇的な結末」（－）へと惹かれてしまうという点では、
表面的なコミュニケーションが取れるケースも結果的には、
強度のネグレクトと変わることはない。

肉体的・心理的虐待により
最低限生き続けるだけのエネルギーと対人能力を身に付けながらも、
心の奥深くに攻撃性を植え込まれた者たちは、
それを性欲と融合させ、
不特定の相手に対し間接的に解放するという行為を繰り返す「連続殺人」に進むのに対し、
ネグレクトや心理的コントロール、過保護、非柔軟性によって、
社会的動物として生きて行くために必要な「自我」すら育てることができなかった者たちは社会に
入って行くことができず、
結果的には、
自分の命と引き換えに、
自分のことを仲間外れにし、無意味な生き方をしていると感ずる者たちを道連れにすることで、

「大量殺人」へと向かうことになる。

❖ Ⅰ型サイコパス、Ⅱ型サイコパス、アスペルガー、統合失調、解離性障害

ここで無差別殺人を理解する上で最低限必要な精神障害について簡単に触れておきたい。
「**サイコパス**（**精神病質**）」というのは、
社会で生きて行くために不可欠な共感、罪悪感、不安を感ずることがないことから、
他者と心の絆を結ぶこともなく、
基本的に自分のことにしか関心がなく、
自分の目的のためには、
平気で他者を傷つけ病的なウソや脅しを繰り返す。
他者を支配することに強い関心を示し、
追いつめられると
完全に開き直り自分を正当化する持論を展開し、
さらにそれでも勝てないと分かると
自分が弱い人間であることを演出し、同情を買うことでその場を逃れようとする。

分かりやすく言えば、

サイコパスとは、

病的なウソを重ねることで、

理由の思い当たらない破壊・攻撃行為や支配ゲームを繰り返し、

追いつめられると開き直り、

挙句の果てに泣き落とし、

実際にはまったく反省もせず、不安も感ずることのない邪悪なアンドロイドのような存在

ということになる。

アメリカ社会では、

全人口の一％（〜四％）、刑務所人口の一五〜二〇％がサイコパスであるといわれている（このタイプのサイコパスはサイコパスの基本形であることから通常、「**I型サイコパス**」と呼ばれる）。

一般に、遺伝による先天的なものであるという見方が強いが、確証がある訳ではない。

貧しく虐待的な家庭からも誕生するが、

経済的に豊かだが、学業、スポーツ、社会的な成功や体裁ばかりを優先させ、

子どもと真正面から向き合わず、

人としての心を育てないような裕福な家庭からも誕生する。

乳幼児期から感情のやり取りのない一方的で抑圧的な環境で育てられたことで、
正常な「感情」を身に付けられずに成長してしまった可能性は否定できない。

これに対し、
「**Ⅱ型サイコパス**」と呼ばれるタイプが存在する。
これは、
表面的にはⅠ型と同じ行動パターンを取るが、
実際には基本的な感情が身に付いているため、
内心本人が自身の行動に非常に苦しんでいるタイプである。
遺伝的による所が大きいⅠ型と異なり、
Ⅱ型は、経験上意識・無意識に身に付けた対人的な構えと考えられている。
そのため、
他者からの攻撃に対してはすぐにカッとなり、
「衝動性」が強い一方で、
「罪悪感」「不安」「心配」といった正常な感覚が備わっているため、
衝動的な行動を取った後の気持ちの落ち込みが激しい（**自殺願望も高い**）。

Ⅰ型サイコパス、Ⅱ型サイコパス、連続殺人、大量殺人は、
多くの精神障害がそうであるように、
個々に完全に独立した別のカテゴリーと考えるよりも
それぞれつながっており、
そのレベルによって
その位置と症状が微妙に異なると考えると分かりやすい。
結果、
非常に判断の難しい微妙なケースも存在する。
（全般に、サイコパスは常習的に殺人を含めた
「暴力的犯行」を重ねる者から、
詐欺や理解不能な嫌がらせといった
「比較的軽度な犯行」を繰り返す者まで、幅広い）。

また、
昨今よく耳にする、「アスペルガー症候群」というのは、
知的・言語的障害はないものの、
言われたことをまったく文字通りに受け取ったり、

他者の感情を読み取れないことから、平気で相手を傷つけるようなことを言ってしまうなど、コミュニケーション面に欠陥があり、
合わせて
狭く限られた事柄に強い執着を見せ、
固定的・反復的な行動パターンを繰り返す障害のことをいう。
今日では遺伝による発達障害（自閉症の一種）とされているが、
少なくとも、
生まれた直後の母親によるスキンシップの欠如から来る「愛着障害」が、
その症状に大きな影響を与える可能性は否定できない。
アスペルガーとは診断されないまでも、
何年も前のちょっとした気に入らないことに対していつまでも怒り続けたり、
病的なまでに几帳面さに拘る強迫的な特徴は、多くの大量殺人犯や連続殺人犯にも見受けられる。
また、
「**解離性同一性障害**」というのは、
俗に「多重人格」と呼ばれるもので、
本人の人格が複数の別人格に明確に分かれてしまう障害であり、
一方、「**統合失調症**」というのは、他者の声や姿、他の場所の光景といった、幻聴や幻覚が急に介入してしまう障害のことである。

一般に、統合失調は脳の器質異常、解離性障害はトラウマによって引き起こされ、それぞれ本質の異なる別の障害と考えられている。

Key point

現在，連続殺人と大量殺人は，その「動機」に基づいて，以下のように分類されている。

大量殺人

家族一掃タイプ―自分の家族全員を嫉妬や復讐，責任感から殺害

疑似戦闘員襲撃タイプ―自分に関心を向けさせるため，もしくは，社会に教訓を教えるため，社会全体に対し怒りを爆発させる

不満爆発従業員タイプ―元の職場の不公平を正すために復讐する

犯行逃亡タイプ―建物や車に爆弾を仕掛けたり，放火したり，食料や商品に毒物を混入するなどして，結果を見ずに逃亡する

（1986，ディエツ；1998，ホームズ＆ホームズ）

連続殺人

幻覚タイプ―精神疾患等により，神や悪魔に指示され殺人を犯す。

使命遂行タイプ―偏った信念により，同性愛者や売春婦，自分以外の民族や宗教といった，特定のカテゴリーに属する人間を社会から抹殺しようとする。

権力・支配タイプ―殺人によって被害者に対する支配感を得る。

快楽タイプ―人を殺害する過程で性的快感を得る（スリルや金銭欲を含む）。

（1985，ホームズ＆デバージャ；2005，バートル）

本書は，このように動機が分類される「連続殺人」と「大量殺人」が一体どういった環境から誕生するのかをパターン別に分類することを狙いとしている。

2. 連続殺人犯と大量殺人犯を生み出す環境とは？

ここまで、連続殺人と大量殺人が起こる基本的な「メカニズム」を説明してきた。
この章では、
日米の複数の実例に基づいた
連続殺人犯と大量殺人犯を生み出す「具体的な環境タイプ」について、
詳しく解説してみたい（49ページ図参照）。

連続殺人犯を生み出す法則

主たる行為者／環境）

母親　父親　両親　学校　孤児院　ネグレクト家庭　養子家庭

＋

圧力因子）　トラウマ（単発／長期）

↓

自我の歪み

↓

性欲結合

⇓

発　症）　連続殺人

連続殺人を生み出す８タイプ

タイプ１　母親による圧力（攻撃性／不満／過度の干渉／否定／批判）
タイプ２　父親による圧力（恐怖含む）
タイプ３　両親による圧力
タイプ４　学校でのいじめ
タイプ５　孤児院でのいじめ
タイプ６　ネグレクト＋圧力
タイプ７　養子＋圧力
タイプ８　Ⅱ型サイコパスの病的執着（の犠牲）

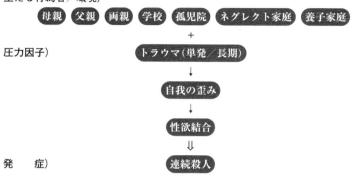

解説

連続殺人の主たる原因は、「虐待」である。

連続殺人は幼少期に掛けられた不当な圧力を性欲と融合させながら、無関係な人間に転嫁・発散し続ける行為である。

そのため**連続殺人犯は、**

具体的状況は異なるものの、

母親／父親／両親／学校／孤児院／養子家庭といった

行為者／環境によって、

後の攻撃性につながる何らかの圧力が加わることで

自我が不自然に歪められることで誕生する。

圧力要因は、

単発のショッキングな出来事による「Ⅰ型トラウマ（心傷）」と

圧力状況が比較的長期にわたって繰り返し継続する「Ⅱ型トラウマ」に分かれる。

つまり、

連続殺人系は、個々の状況において、

Ⅰ型／Ⅱ型のいずれかのトラウマが発生することによって生まれる。

また、少数であるがⅠ型とⅡ型が混在する場合も存在する。

ちなみに、

Ⅰ型トラウマ（単発のショッキングな出来事）

【心の支えとなっていた人間の死／多大な苦痛を伴う病気・事故／養子であることの突然の告知　等】

Ⅱ型トラウマ（長期の圧力状況）

【母親による完全支配／母親の心理的虐待／絶え間ない批判／母親以外の女性の否定／女子扱い／父親による家庭恐怖／虐待の目撃／精神的肉体的虐待・体罰／両親の絶え間ない口論・ＤＶ／施設や学校でのいじめ・教師の体罰／自身に対する極度のコンプレックス／早期の性的刺激（ポルノ雑誌など）／性的虐待／祖父母を両親、母親を姉と偽るような歪んだ環境　等】

が挙げられる。

一般に、連続殺人を引き起こす虐待に関しては、

肉体的（性的を含む）なものと精神的なものの二種類があるが、

実際には、

精神的な虐待がその主因である場合が多く、また肉体的なものよりも深い傷を残してしまうことが多い。

一つひとつのタイプを具体的に見て行こう。

タイプ1は、

すでにその兆候が子どもが生まれる前から母親に存在する場合が多く、
母親の気性が荒く極端に攻撃的性格であったり、
個人的に何らかの不満を抱えていることから絶えず子どもに愚痴や不平を漏らし、
また、母親のエゴが過剰に強いことから子どもが自然に成長するスペースを与えず、
事あるごとに子どもを否定・批判し続けるような場合である。
どれも、強いストレス・フラストレーションを加え続けることで、
子どもの心に深い攻撃性を植え付けてしまう（人間はフラストレーションを感ずるだけで攻撃的になる）。
中には、女の子が欲しかったことから、
男子に女子の服を着せ、女の子の名前で呼んだり、
自分以外の他の女性は皆汚いと洗脳することで
正常な性的発達を妨げてしまうような場合も存在する。

タイプ2は、

父親が酒乱で、酔っては暴力を振るうような場合や、
父親が自分の兄弟姉妹・母親に暴力を振るい、それを目撃してしまう場合。

タイプ3は、

父親・母親共に子どもに対し批判的な場合であり、

家庭内に逃げ場所がないことから、
そのダメージはかなり大きい。
双方とも酒に酔い、口論が絶えないことが多い。
タイプ4・タイプ5に関しては、
既に学校・孤児院に入る前の、家庭の段階から、虐待を受けている場合がほとんどであり、
その後繰り返される子どもたちによる限度を知らないいじめは時に熾烈を極めてしまう。
タイプ6・タイプ7は、
ネグレクト状態や養子状態という既に精神的に不安定な状態に、
不当な圧力が加わる場合であり、
全体としては、子どもにとっては「虐待的な経験」となる場合である
（虐待＋ネグレクト→虐待の増強）。
主因は、不当な圧力であり、ネグレクトや養子はあくまでその増強要因にすぎない。
タイプ8は、
幼少期に「ネグレクト」環境に置かれていた子どもが、
家庭内に閉じ込められず**外部の友達と交流することができた**ため、
家庭内に閉じ込められてしまったタイプ1〜7ほど精神的変質が進まず、
正常な感情を維持したⅡ型サイコパスという異なるタイプを形成し犯行に至るケースである。

子どもは、家庭内で得られない愛情を埋め合わせようとして、
それに代わる歪んだ悪習慣に病的に執着してしまう。
もう一つは、父親は圧力的であるが、母親が過保護であるため、結果的にⅡ型サイコパスの場合と同様、子どもが父親の真似をして自分のやりたい放題のスタイルを確立してしまうケースである。
特に父親が子どもに性行為を明らさまに見せる場合、
子どもは早期から極端に性にこだわるようになる。
双方ともに、
大人になった後もそのライフスタイルを変えることができず、
自分の犯行に罪悪感と後悔を感じながらも、
病的なまでの派手な生活や金銭欲、物欲・性欲・暴力癖を自分では止めることができず、
外見的には、
「Ⅰ型サイコパス」による連続殺人とまったく同じような犯行を繰り返してしまう。
また、彼らの幼少期の生活環境の中には、
後の彼らの暴力性へとつながる。
何らかの「暴力的要因」が存在する場合がほとんどである（Ⅱ型サイコパスは、正常な感情を身に付けていることから、神経症の一種であり、真のサイコパスではないとする説もある）。
基本的には、連続殺人犯を生み出す環境には、

1～8のすべてにわたり、明確な「圧力要因（虐待）」が存在し、

彼らは、その「圧力」**を無関係な他者へ「転嫁」することで生き続けて行く**と言うことができる。

大量殺人を生み出す法則

環境の特徴）

ネグレクト家庭　不安定家庭　過保護家庭　非柔軟家庭　心理コントロール家庭

↓

後の状況）　自我の無視・不確立

↓

社会的孤立

↓

妬み・怒り

⇓

発　症）　大量殺人

大量殺人を生み出す9タイプ

タイプ1　放置／無関心／親の関心の優先
タイプ2　親からの意図的な無視・拒絶（スケープ・ゴート）
タイプ3　乳児期に始まる特異な母親によるスキンシップの欠如
タイプ4　親の交流を好まない性格／冷え切った夫婦関係による家庭内コミュニケーションの不在
タイプ5　過度に凝り固まった柔軟性のない親による接触・コミュニケーションの欠如
タイプ6　不安／不安定な家庭環境，または，心理コントロールによる本人の気持ちの無視
タイプ7　過保護／言い成り／対峙しない母親による，対人的なインプットの欠如
タイプ8　Ⅱ型サイコパスの泥酔による偶発的暴走
タイプ9　薬物乱用からくる統合失調による被害妄想

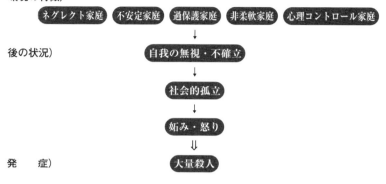

解説

大量殺人の主原因は、自我の「ネグレクト」である。
表面的な形は異なるものの、
大量殺人発生のメカニズムは、
他者との「心」のやり取りがない、
または、本当の気持ちを無視され、絶えず自分を押し殺し続けてきたことから、
社会に入って行くために必要なしっかりとした「自我」（精神基盤）を構築することができず、
社会に入って行くことができず、完全な孤立状態に置かれてしまうことから生ずる
妬み・恨み・怒り・復讐・不満・自己否定・社会否定・被害妄想等による、
他者を巻き添えにした自爆行為だと言える。
つまり、
直接的、もしくは、間接的な心のネグレクトが原因である。
タイプ1～4までが直接的なネグレクト、
タイプ5～7までが直接的なネグレクト同様、心理的孤立につながってしまう
間接的なネグレクトに当たる。
タイプ8と9は、そのいずれにも属さない例外的なケースと考えていただきたい。

タイプ1は、
親が自分たちのことで忙しく無意識の内に子どもに関心が向けられない状態。
必ずしも子どもを嫌っている訳ではない。
タイプ2は、
特定の子どもを意図的に嫌っている状態（スケープ・ゴート）。
子どもの拒絶・放棄も含む。
タイプ3は、
うつ病や潔癖症など、母親の抱える特殊な障害・心理状態により、
スキンシップを含め、産後の子どもの世話をまったくしない場合
（特に産後一年は生物学的にスキンシップが不可欠とされる）。
タイプ4は、
両親が性格的に人との交流を苦手とする、
もしくは、夫婦関係が完全に冷め切ってしまっていることから、
家庭内にまったく会話がない状態。
タイプ5は、
親の特殊な人生哲学や宗教が、
子どもとの自然なコミュニケーションを阻害してしまう状態。

子どもからの呼びかけに対し、親が自然に反応することがないため、
物理的にはすぐ近くに存在していても
間接的なネグレクトになってしまう。

タイプ6は、
両親が今にも離婚しそうであったり、
子どもが親もしくは親の望む方向に向かなければ愛情を注がないような場合である。
家庭が不安定な状態にあっては、
子どもはその崩壊を避けようとして本当の自分を出すことができないし、
子どもが親の思い通りでなければならないといった心理コントロールの強い環境にあっては、
絶えず親の顔色ばかりを気にし、本当の自分を押し殺さなければならない。
いずれの場合も、自我の発達が阻害されてしまうといった意味では、
間接的なネグレクトに当たる。

タイプ7は、
過保護により、
子どもが自分でやるべきことまで親がやってしまったり。
親が子どもの言い成りであったり、子どもと対峙することがないケース。
共に、子どもが自我を確認できないため、間接的なネグレクトになってしまう。

また、

子どもは自分一人では何もできないことから、

他者に過度に依存し、

すぐ不機嫌になるため、

周りから敬遠されてしまう。

タイプ8は、

日常的に暴力的犯行を繰り返していたⅡ型サイコパスが、

酔った勢いで完全にそのタガが外れ、

日頃のレベルを大きく逸脱してしまい、

偶発的に大量殺人を引き起こしてしまうケース。

タイプ9は、

幻聴や幻覚を引き起こしやすい薬物により統合失調を引き起こし、

現実感覚があやふやになることで

被害妄想から、

先手攻撃として大量殺人を引き起こしてしまう場合。

タイプ8と9の例外的なケースを除き、

1〜7のすべてにわたり結局の所自我が「ネグレクト」されてしまう。

（補足）

1．「心理コントロール」をする親は、自分が特別な親であり、他の親よりも子どもに愛情を注いでいることをアピールする場合も多く、子どもは親に対する怒りを抱かない。

2．連続殺人・大量殺人共に、

虐待／ネグレクトが、

・家庭という「密室」の中で、

・「幼少期」（〇～五歳）に、

・「一般のレベルを越え」、

・途切れることなく「均質」に

・「長期間」にわたり継続

といった「固定環境」が存在する。

そのため、

虐待やネグレクトが存在するものの、

時々機嫌の良い時があったりするような

一般の犯罪者の家庭とは質・レベルともに異なると言える。

連続殺人・大量殺人共に、

犯行以前の段階で既に一線を越えた「異常環境」**が存在**していたからこそ、

頭の中で何度も何度も一線を越えた空想（や白昼夢）を繰り返し、

そうした空想と現実との境目が限りなく薄れた状態で

一線を越えた犯行を犯すことになる。

ただし、

ここで注意しておかねばならないことは、

そうした「異常」環境は、
必ずしも、外部から見てハッキリと分かるようなものとは限らないということである。
一見、些細な批判や放置であっても
特に脳や人格が形成される乳幼児時に継続的に置かれることによって、
子どもの人格に実質的な影響を及ぼしてしまうということを忘れてはならない。
（人間は不快感を覚えると、それだけで攻撃的になる）。

3. 一見、同じように「支配的」に見える親であっても、
親の圧力が子どもに向かう場合は連続殺人的、
親の方向性が子どもではなく自分の思想信条に向かう場合は大量殺人的
人格を形成する。

4. 連続殺人と大量殺人の環境には一見かなり紛らわしいものがある。
そうした場合は、
力のベクトルが
外から本人に向かっている（連続殺人）のか
本人から外に向かっている（大量殺人）のか
が最終的な「判断基準」となる。

〈イメージ〉
（注）　矢印は圧力の方向性。×は子どもの自我

つまり、「環境力学」的に見た場合、
本人が求めていない力が外部から掛けられている場合は連続殺人的に、
愛情を向けて欲しくて、本人の気持ちの方が外部（親／友達／社会）へと向いている場合は大量殺人的
になる。
大量殺人系は、注意してみると、注意・関心が必ず本人には向いていない。

5. **幼少期の環境が、**
「圧力的」（虐待∨ネグレクト）であったか「ネグレクト的」（虐待∧ネグレクト）であったかによって、
その人間の大元となる「心理的基盤（基調）」が「連続殺人系」と「大量殺人系」とに、分かれ、
その後に受けるさまざまな影響（いじめ、ネグレクト、虐待等）も
その心理基盤を増ふくする形で影響する。
そのため、同じいじめであっても
連続殺人犯の受けるいじめは、家庭内虐待の後のいじめ、
大量殺人犯の受けるいじめは、家庭内ネグレクトの後のいじめである。

6. 連続殺人と大量殺人は、
ハッキリとカテゴリー的に分かれるものではなく、
あくまでそれぞれの環境の力学のレベルによりその位置が決まる、一線上でつながった症状であるため、
連続殺人と大量殺人のちょうど中間に位置するようなケースも存在する。
実際過去に、
「自分が連続殺人犯になってしまうのが怖かった」
と漏らした大量殺人犯も存在する。

❖ ターゲット別に見た連続殺人と大量殺人の分類

連続殺人と大量殺人をそのターゲット別に見ると以下のように整理できる。

（1）「好みのタイプ型」（快楽タイプ）

被害者として経験したトラウマを、今度は、自分が加害者となって繰り返そうとするタイプ。基本的には、トラウマを受けた加害者と似たタイプ、もしくは、当時自分を見下し相手にしてくれなかったと本人が思い込んでいるタイプばかりをターゲットにする。犯行が比較的ハッキリと性欲と結びついており、殺害の過程を楽しむ。犯行はコントロールされており、被害者の「苦悶」に快感を覚える（**トラウマは辛い経験であるが、マラソンの「ランナーズハイ」と同じように、ドーパミンの高まりを伴うため、無意識の内にそうした状態を追い求め、似たような状況を繰り返しやすい。家庭内暴力を経験して育った女性が、無意識の内に、暴力的な男性に惹かれてしまうのはこのせいである。また、ホラー作品の作者は作品を作ることで過去のトラウマ体験を繰り返している場合が多い**）。

（2）「完全無差別型」（権力・支配タイプ）

人を殺害すること自体の喜びの方が、性欲よりも勝っており、殺害行為自体が性欲とハッキリとは結びついていない少数タイプ。まるで自分が「神」であるかのように被害者の「生死」をコントロールできることに快感を覚えるため、被害者の性別や相手を苦しめる過程というよりは、生きている人間を死んだ状態にすること自体に対する関心が強い。死姦に関心があることも多い。

(3)「未分化型」

思春期に到達したばかりで、性的エネルギーの目覚めから、とにかく人を殺害することがどんなことなのかを経験してみたいと強烈に感じるタイプ。まだターゲットの性別や好みは明確に分化していない。思春期の好奇心から「**人間の身体の中身がどんなしくみになっているのか**」**といったことにも強い関心を持ち、腹部を割いたりする例も少なくない。**

大量殺人

(1)「現場限定型」

犯行が、復讐のターゲット本人、もしくは、家族・学校・職場といったターゲットを連想させるような場所に限定され、ターゲットの仲間や偶然その場に居合わせた者たちもターゲットの仲間と見なし殺害してしまう（**大量殺人には、実際に自分を仲間外れにしたターゲット本人に向かう場合もあるが、これに対し、ターゲットの友人や同じ会社に勤める人間がターゲットと同等に見なされ殺害されるようなケースは「身代わり殺人」と呼ばれる**）。

(2)「社会全体復讐型」

社会性が完全に欠如していることから社会の至る所で摩擦を起こしたり、また、怒りや絶望感が非常に強いことから人類全体を敵視し、結果的に、社会全体に復讐しようとするタイプ。

「好みのタイプ型」と「現場限定型」はターゲットが絞られるため、厳密な意味では、完全な無差別とは言えないかもしれない。

しかし、単に、
ターゲットに似たタイプであったり、
ターゲットと同じ職場で働いていたり、偶々その場所に居合わせたというだけで、まったく身に覚えがないにもかかわらず、殺害されるという点では、やはり無差別殺人と言える。

無差別殺人の主因は、「幼少期の環境」にあり、それが「虐待的」であるか「ネグレクト的」であるかによって、後の人格が「連続殺人系」になるか「大量殺人系」になるかが決まる。

3. 日本の無差別殺人――実例解説

以上、無差別殺人を理解するために必要な基礎知識について説明してきた。

ここからは、これらの知識を使って、これまで日本で起きた無差別殺人事件が、実際にどのタイプに当たるのか分析してみたい（以下の「カルテ」は、筆者独自のパターン分析に基づく）。

（I） I型サイコパスによる連続殺人

ケースファイル① 神戸連続児童殺傷事件

当時一四歳の中学生男子が、小学生の女児三人をハンマーで殴りつけ、内一名が脳挫傷で死亡、一番下の弟の同級生であった小学男児を靴ひもで首を絞めて殺害。その後、遺体の首を切断し、両目をナイフで刺し、口端を耳まで切り裂いた後、自らが通っていた中学校の正門の上に放置。少年は、男児の首切断時と校門への放置時に、射精し、首切断後には男児の血を飲んでいる。また、犯行後、地元新聞社に挑戦状を送りつけている。

◇ 本人の言葉

「反省していなくても泣けばいい、泣けば大人は叱るのをやめる」

「教師に鼻血が出るまで殴られた。学校に来るな、と言われた」

「先生がここで僕を蹴ろうが殴ろうが、僕の言ってることは変わりません」

「幼稚園の頃から小学校六年頃までは母が僕のすべてだった。友人が母親を思う気持ちの何倍も母を愛していた」

「もう一人の僕がいる」

少年の母親は、長男である少年が下の二人の弟たちの完全な模範にならなければならないという少年自身の気持ちを無視した不自然に凝り固まった考えを持っており、少年が一人の人間として自然に成長するのに不可欠な精神的なスペースすら与えず、少年のやることに逐一干渉し続けた。

父親は母親のイネイブラー（共依存者）であり、基本的に母親の言うことに従う形で事の善悪を問うことなく一方的な価値観で、

長男である少年ばかりを叱り続ける環境に加担している。
当時少年が弟たちのことも憎んでいたことから、彼は、家庭の中で自分ばかりがスケープ・ゴートにされているという意識を持っていたものと思われる。
本質的には、小さい時から親の一方的な価値観を押し付けられることで、息もできないような過干渉状態に置かれ続けた結果、共感や罪悪感といった基本的感情を身に付ける隙間すらなく、そうした環境下で蓄積された怒りは、やがて少年の心の中に邪悪な行為を勧める別人格魔物（神）を形成し、その自分の怒りの化身である神に忠誠を誓う形で破壊行為を繰り返していったものと考えられる。

【カルテ】

Ａは待望の長男ということもあり、誕生後に過剰な愛情を掛けられ、言葉を覚えるのも非常に早かった。が、一年後に次男が誕生するとヤキモチをやくようになり、さらに、三年後に誕生した三男が小児喘息であったために母親が彼に掛かり切りになると、**誕生後の**

過保護状態との大きな落差から自分は母に愛されていないのではないかと心理的に苦しめられる。そんな時期、**母親は、**愛情はあるものの、**長男を厳しく育てておけば下の二人もしっかりと育つ、という不自然に凝り固まった考えに執着し、少年のありのままの気持ちをまったく受け入れることなく、状況にかかわらず自分の一方的な考えでAのことを過度に否定・干渉し続けた。**「五歳」の時に足が痛くなる心身症を発症し、小学校三年の頃には引っ越す前の家の台所が見えるなどの解離傾向を示す。当時の作文の中で、本人が、「母親はいない」とか、「魔界の大魔王」であるなどと書いていることからも、母親が彼に攻撃性を植え付けた主因であることが窺える。こうした母親による「弟が生まれた後の愛情の落差」と固定的な考え方に基づいた「過度の干渉」から、自分は人に愛されるに値しない「醜い存在」なのだという自己否定感が形成され、美しいものや純粋なものを目にすると、自身との違いからくる「妬みと僻み」から、「破壊願望」を抱くようになる。こうした歪んだ精神状態にあった小四の時、唯一Aに愛情を掛けてくれた祖母が他界することで、「性欲と死が結合」した性倒錯が形成され、「美しいもの・純粋なものを殺害することでしか性的快感が得られない歪んだ心理」を発達させてしまったものと考えられる。

心理的障害の症状である心身症の発症が「五歳」、解離症状が「小三」と、時期的に比較的遅く、また、脳の発達にとって最も重要な時期である生後一年間はしっかりと愛情が掛けられていたことから、少年院入所期間及び出所後の生活で、幼少期に欠落していたさまざまな感情を伴う他者との双方向のコミュニケーションを経験することで、次第に自己の犯行の意味を理解し、それについて反省するという、認知面での最低限の更生が可能になったものと考えられる。

よって、本ケースは タイプ1の、母親の心理的抑圧による、対象が未分化な無差別連続殺人（逮捕されなければ更に継続していたため未遂）。**少年が恥をかくことにまったく無頓着であったことは、不安や心配の欠如したサイコパシーの初期症状と考えられるが、乳幼児期の基本的感情の発達と、歪んだ環境の経験**

が比較的遅かったことが、その完全な発症を妨げたものと考えられる。

なお、A本人は、自分の心の奥底にある攻撃性は、母親の育て方によるものではなく、生まれつきのものであり、母親を憎んだことなどただの一度もなかったと断言している。しかし、乳幼児期に起こったことは本人の記憶に残らないことが多く、また、ネグレクトとは異なり虐待されて育った人間は、否定的な形ではあるものの一応は親に相手にされていることから、自分に対し罪悪感を抱くことはあっても、親の行為自体を虐待と認識しないケースが非常に多い。

著書「絶歌」を出版したことから、まだ本人に十分な反省・更生がなされていないという指摘が多い。しかし、彼がかつて殺人を行うことに強迫的に取り付かれてしまった時と同様、未だナルシシズムが強く残っていることは否定できないものの、彼の著書の出版自体は、「彼なり」の正義感から来る強迫的な行動と取るべきであろう。情緒基盤が一般の人間よりも弱いAの場合、三〇代という年齢でここまで更生できたこと自体、むしろ非常に例外的なことだと言える。

少年院での矯正教育が不十分だとの指摘もあるが、「共感や罪悪感の欠如」という、一般の者たちとは全く異なる情緒基盤から人格がスタートしていることを考慮すれば、むしろ非常に質の高い矯正教育が成されたものと考えるべきであろう。

ちなみに、一般に、生後二年間に愛着関係が完全に欠如してしまっている真性のサイコパスの場合であれば、認知面での更生すら不可能であったと思われる。

ケースファイル② 佐世保高一女子殺害事件

当時、一六歳であった高一少女が、同級生の一五歳の少女を自宅に誘い、鈍器で頭を殴った後、首を絞めて殺害。警察の報告によると頭部と左手首は切断され、腹部は大きく切り割かれていた。

◆ 本人の言葉

「ネコを解剖したり、医学書を読んだりしているうちに、人間で試したいと思う様になった」
「人体に興味があり、殺してバラバラにしてみたかった」
「一人暮らしのマンションで一緒にテレビを見るなどしていたら、我慢できなくなった」

犯行の前年少女は実母を失っており、このこととその後少女をマンションで一人暮らしさせたことが、彼女が心のバランスを失い、犯行するにいたった主因と考える専門家は多い。

しかし、実際には、既に母親が亡くなる前の小六の頃から、彼女はクラスの同級生の給食に洗剤や漂白剤、ベンゼンなどを混入しており、その後、中学で猫を複数解剖するという異常行動を示し始めている。

また、彼女は犯行の数か月前、父親を金属バットで殴打した際、さらに**実の母親も殺すつもりだった**と後の父親の再婚相手に漏らしている。

こうしたことを考え合わせると、彼女の攻撃性の原因は、母親の死というよりは、それよりも時間的にかなり前にあったものと考えられる。

父親は名うての弁護士であり、異常なほど「世間体」や「成功」に執着しており、少女が小学生の頃から、裏から手を回しては、少女が起こした事件をもみ消したり、スポーツ大会の成績の改ざんを試みたりしていた。

同様に、少女に金属バットで殴打された後も、彼女を祖母の養子にし、アパートで一人暮らしさせ、海外留学を計画するといった、娘と直接向き合うことを避けようとする姿勢が窺える。

母親は東大卒で、出版活動に携わり、自ら教育委員会メンバーとなり、スケート連盟の会長を務め、娘にもスケートをさせている。

こうしたことから、母親にも、若干なりともエリート志向があり、娘の身方となるというよりは、むしろ父親のイネイブラー（問題行動を陰で助長する身近な人）であった可能性が高い。

また、少女の兄もエリート志向家庭の方針に上手く応え、学業的にそれなりに成功を収め、結果的に、父親のイネイブラー的役割を果たしていたものと推察される。

幼い頃から少女の本当の気持ちと向き合わず、それを完全に押しつぶす形で、学業やスポーツの成功という親の一方的な価値観だけを押し付け、家族もそうした方向性を後押しするといった家庭環境は、ハーヴィー・クレックリーというサイコパス研究の第一人者が診断した典型的なサイコパス患者の家庭模様と酷似する。

幼少期に始まったと思われる父親による無理な心理的圧力が、彼女の正常な感情の発達そのものを大きく歪めており、もし警察に拘束されていなければ、彼女の犯行はその後も繰り返されていたものと思われる。

犯行後も平然と捜査官に「知らない」と応え、その後犯行を認めると、その一部始終を淡々とまったく感情の起伏なく話し、罪悪感が微塵も見られない様は、全体的に感情が浅く、相手の痛みも分からず、不安になることもないサイコパスの典型的な特徴だと言うことができる（サイコパスは、主に脳幹だけで生きている「爬虫類」のような存在であり、最も原始的な種の保存や生命維持を中心に生きている非常に感情の薄い存在と指摘する学者もいる）。

特に日本では、学業やスポーツの「成績が良いこと」と「優れた人格」を重ね合わせてしまう傾向が強いが、「優れた成績」を収めること自体は、そのために自分の感情を押し殺し、ライバルに勝つための攻撃性を要求するため、むしろ、「優れた人格」とは正反対のシンボルであることの方が多いと見るべきであろう。

彼女が良い成績を収めていたのも、幼少期や子ども時代に彼女の自然な感情を押しつぶす形で学業やスポーツに没頭させられたからであり、むしろ、こうした優秀な成績を収めさせるための不自然な環境圧力こそが、彼女の自然な感情の発達を阻害してしまった主たる原因と見るべきである。

コミュニケーションの欠如した環境で育つことは、コミュニケーションに向かうべき関心やエネルギーを必然的にそれ以外の無機質な対象に向けなければならないことを意味する。そのため特定の事柄に対する強い執着傾向を生み出しやすく、そうした執着傾向が学業に向けられることで、非常に優秀な人間を生み出すことも希ではない。その後少女の父親は、自殺している。

【カルテ】

本人の気持ちをまったく考えることなく、世間体と成功ばかりに異常な執着を見せる父親が、物心つく前から少女に不当な圧力を掛け続けてきたことによる「ストレス」が、少女の中で静かな常態的な「怒り」へと転じていったものと考えられる。少女の奇行は小学校時代から始まっていることから、その後の母の死やアパートでの一人暮らしがその主因ではない。幼い頃から、**一方的な価値観を押し付けられて育ってきたことから、基本的感情を育てることができず**、典型的な**「サイコパシー」を発症**。性的志向もまだ確立されていない。殺害・破壊行為自体に明らかな快感を覚えており、発覚しなければ、その後も犯行は継続していたものと思われる。よって、タイプ2の父親の心理的虐待による完全無差別連続殺人（未遂）。

なお、最も身近な存在であった母親をも攻撃の対象として考えていることなどからも、少年Aのケースよりも更に時期的に早い、生後間もない頃から恒常的に感情的やり取りのないストレスの掛かる環境に置かれていた可能性も高い。彼女の攻撃性は脳の形成と深く結びついてしまっている可能性も高く、少年Aのような認知的更生すら難しい可能性もある。

ケースファイル③　東京・埼玉連続幼女誘拐殺人事件

当時二〇代後半であった宮崎勤が、四歳から七歳の女児四名を殺害。第一の事件では死後硬直で固くなった遺体にわいせつ行為を行う様子をビデオに撮影。「急に子どもの頃が懐かしくなった」と証言。第二の事件では女児を誘拐・殺害後すぐさまわいせつ行為をしたが、この時点ではまだわずかに息があり、足がピクピク動いており、「何ともいえぬスリルがあった」と答える一方、「一番印象が無い」と述べる。第三の事件では、殺害後女児が失禁したため、遺体を山林に投げ捨て、後に女児は全裸で発見される。また、第四の事件では、殺害後、遺体の指をもぎ、醤油をかけて焼いて食べ、ビニール袋に溜まった血を飲む。被害者の一人の自宅に紙片と骨片などの入った段ボール箱を置き、「今田勇子」（「今だから言う」を掛けているものとされる）の名で朝日新聞東京本社に犯行声明を郵送。また後日これとは別に『告白文』と称する文章をマスコミ及び被害者宅に送りつける。自室からは五、七六三本ものビデオテープを押収。

◈　本人の言葉

「あのビデオまだ途中なのに…」

「ネズミ人間がヌ〜ッとあらわれて…」

「死刑になることはないんだよ。だって私はやさしい」

宮崎勤は、未熟児として生まれた。
二、三歳前後まで成長は遅れ気味であったが、その後は遅れを取り戻す。
しかし、彼の手には障害があり、「ちょうだい」の動作をすることができなかった。

このため、宮崎は駄菓子屋でお釣りをうまくもらえず、大便処理もうまくできなかった。

特に、お遊戯する際、変な奴という視線を送られ、相手がお遊戯をしたがらず、手を払いのけられる度に、本人は「ひゃーっ」としたという。

彼にとっては、先生も生徒もグルになって、彼のことを迫害しているように感じられたが、そうしたことを親に相談しても、まったく取り合ってくれることはなかった。

宮崎の父親は、印刷業で地元新聞を発行し、地元では名士として通っていたが、その一方でヒステリックな母親に対しては一方的に理詰めで責める対応を取り続け、二人の間には口論が絶えず、時に、母親に対し暴力を振るうこともあった。

実質上、家族はバラバラであったが、体面のために仮面をかぶり、形だけは一緒にいるという状態が続いていた。

こうした感情的なふれあいのない家庭で育った勤は、ケンカばかりして自分に対し愛情を示さない両親のことを「ニセモノ」の親と認識し、強い怒りを示すと同時に、手のことを知られたくないという「恐怖」と、周りが自分を「変だ」と思っているのではないかという被害妄想を抱えながら、幼稚園、小学校といつも一人ぼっちであった。

そして、小学校四年頃には、「黒い影」や「ネズミ人間」という幻覚を見るようになっている。

また、この頃、日頃可愛がっていた鳥に対し、急に憎しみを感じ、踏み殺し土に埋めた後、急に可愛相に思い再び掘り起こしてなぜるといった奇行を繰り返している。

仕事に追われる両親に代わり、唯一勤に愛情を掛け、心の支えになってくれた祖父が、彼が二六歳の時に亡くなると、彼は心の安らぎを与えてくれる場を失い、解消されることのない彼の攻撃性は着実に彼の中に蓄積され、動物を車でひき殺したり、家族に対して暴力を振るったりするようになる。

そして、この頃から、以前よりも頻繁にネズミ人間が登場するようになる。

日頃、周囲に「恐怖」を感じながら育っていた宮崎にとって、祖父が生きていた時は辛うじて恐怖を解消できていたものの、祖父を失ってからは完全な孤独状態に陥り、周囲への恐怖は、徐々にそれに対抗する形で怒りとして凝縮され、彼の頭の中に「ネズミ人間」というもう一人の凶暴な人格を形成したものと考えられる。

そして、この彼の心の中で怒りが凝縮してできた別人格が、幼稚園や小学校のダンスの時に彼に怖い思いをさせた「少女たちのイメージ」に対し、次々と復讐するようになったものと考えられる。
彼は、後に「人格障害」「多重人格」「精神分裂病」(当時)とさまざまな鑑定を受けている。
宮崎は、後に処刑され、父親も自殺している。

【カルテ】

幼い頃から、世間体ばかりを気にし、**絶えず夫婦喧嘩ばかりが繰り返される家庭環境で攻撃性を目のあたりにしながらネグレクト**されて育ち、その後、**生まれつきの手の障害に対するコンプレックスから、周囲の人間に対し絶えずビクビクする状態が長く続いたことは、彼の中に、そうした「恐怖」に対抗する形で「怒り」の人格である「ネズミ人間」**を生じさせ、この人格が彼の幼い頃の恐怖の対象であった少女たちに次々と復讐していったものと考えられる。そのため、本ケースは、タイプ6のネグレクト＋Ⅱ型トラウマ(手の奇形に対する極度のコンプレックスからくる恐怖)による、女児だけをターゲットに絞った「好みのタイプ型」連続殺人。

ネグレクト自体が生後間もない時期から始まり、「愛着障害」を起こしていた可能性も高いが、合わせて、幼い頃に始まる夫婦げんかの目撃も、ネグレクト環境と相まって彼の攻撃性の基盤を形成した可能性が高い。
二六歳の時の祖父の死をきっかけに暴力性が急速に加速するが、既に、小学四年時には幻覚といった統合失調傾向を見せているため、
犯行の主因は、あくまで、祖父が亡くなるよりずっと以前の、幼稚園・小学校時代の、手の障害でうまくお遊戯ができないことに起因する周りの人間への恐怖心と考えられる。持続的に「恐怖」に晒され続けるこ

とは、それに対抗するため、無意識の内に、心の中に「怒り」を生み出してしまう。

本来、責任能力がなかった可能性もなくはないが、彼の犯した罪の重さを考えると、死刑という判決は決して行き過ぎたものであったとは言えない。

ケースファイル④　パリ人肉事件

パリに留学していた日本人留学生佐川一政（当時三二歳）が友人のオランダ人留学女性（当時二五歳）を自宅に呼び出し、背後からカービン銃で射殺。衣服を脱がせ屍姦した後、遺体の一部を生のまま食べ、また遺体を解体し写真を撮影。その後、遺体の一部をフライパンなどで調理して食す。心身喪失状態での犯行と判断され、不起訴処分となる。彼はこの事件前にも日本で近隣に住むドイツ人女性を食肉目的で襲い、逮捕されている。

◇　本人の言葉

「殺したかったわけではない。食べたかっただけだ」

「いま実現しなければ、あとで後悔するという、その後悔がおそろしかった」


佐川は、死産状態で生まれ、人工呼吸等、さまざまな治療が施され、出産から一五〜二〇分経って、初めて産声を上げた。

生まれた当時は、一、五〇〇グラムしかなく、父親の手のひらに乗るほどの未熟児で、体も非常に虚弱であったという。

加えて、彼を身籠った三か月後には、母親に流産の危険もあったという。

出生一年後には腹膜炎を患い、カリウムとカルシウムの静脈注射で命を永らえるような状態であった。

両親のやさしい庇護の下に育つが、体が弱かったため、幼稚園には行かず、小学校には一年遅れで入学している。

その後、日本の大学で英文学の修士課程を修了後フランスに留学し、パリ第三大学大学院で修士課程を修了している。

こうした学歴の一方、佐川は、既に七歳半の頃から強迫的な食人願望に取りつかれ、同年代の「少年」たちを貪り食いたいという衝動に駆られている。

そうした願望は、思春期を経て次第に魅惑的な若い西洋女性たちに向けられるようになり、その後、そうした衝動を抑えることができず、犯行に及んでいる。

彼の場合、両親に攻撃性を植え付けたと思われるような虐待の形跡は見当たらない。

ただ、それに代わり、出生後一年というまだ非常に幼い時期に非常な苦痛を伴う腹膜炎を経験している。こうした乳幼児期に経験した病気やケガによる「苦痛」は、まだ意識の未分化な乳幼児の心にとっては、「虐待」同様、攻撃性を植え付ける要因に十分なり得る（犬はケガをしている時、その痛みを飼い主に与えられたものと思い込み、防衛的になることがある)。また、死産状態で生まれた後もトラブル続きであったことに合わせて、その後の入園できなかったことや入学の遅れにより同年代の子どもたちと遊ぶことのできなかったことからくる「孤独感」も、苦痛体験による彼の攻撃性を助長する要因となった可能性もある。

ちなみに、犯行以前にも彼が日本でドイツ人女性に対する殺害未遂事件を起こしたことに合わせ、犯行後のインタビューで、「もう白人女性は卒業した。今は日本人女性、特に沖縄の女性、チュラさんに食欲を感じます」と発言し、矢田亜希子、上戸彩たちにも関心があるなどと話していることを考えると、彼の犯行が連続的な性質のものの一部であったことが窺える。

【カルテ】

佐川の場合、見逃してはならないのは、**脳の形成にとって大切な生後一年位の時期に彼が経験した腹膜炎に伴う苦痛である。実質上、こうした幼少期の病気による苦痛体験は、まだ精神的に幼く未分化である幼児にとっては、肉体的・精神的虐待を与えられたのと同じ役割を果たし、本人の知らない所で深い攻撃性を植え付けてしまう。**ストレスや苦痛はそれだけで攻撃性につながり、特に生後二年までの虐待的体験は、後の強い攻撃性につながることがこれまでの研究で分かっている。米国には、こうした幼少期の病気体験が原因で連続殺人につながったと思われる事例は数多い。

体調が原因で幼稚園に行けず、小学校入学も一年遅れになったことも、同年代の子どもたちとの交流を阻み、実質的に社会的なネグレクトの役割を果たすことで、腹膜炎によって生じた彼の中の攻撃性をさらに助長した可能性は高い。

犯行以前にも殺害未遂事件があり、また、犯行後も彼の食人願望は衰えを見せていないことから、ネグレクトと「辛い病気体験」というI型トラウマが合わさったタイプ6の「好みのタイプ型」連続殺人（未遂）と考えられる。

こうした乳幼児期の病気等に起因する攻撃性の場合、本人自身も認識できていない場合が多い。また、彼の場合、単なる殺害願望というよりは食人願望の方がかなり強固である。魚の場合、酸欠が、親が自分の子どもを食べてしまうことにつながるとの指摘もある。あくまで憶測に過ぎないが、彼がほぼ死産の状態で生まれていることから、ひょっとしたら彼の食人願望は出生時の酸欠と何らかの関係があるかもしれない。しかし、単なる出産時の酸欠だけから実際の殺害・食人行為にまで至ったとは考えづらい。

ケースファイル⑤　秋田児童連続殺害事件

小学校四年生の女児（当時九歳）が、自宅から一〇キロ離れた川で水死体となって発見され、さらにその後、二軒隣の男児（当時七歳）が約一二キロ離れた川岸で遺体となって発見された。警察は当初事故と断定したが、一か月の間に子どもが二人も亡くなっていることを不審に思い、再捜査した結果、女児の母親畠山鈴香（当時三三歳）を事件の容疑者として逮捕。一回目の事件の後、鈴香は、長女を事故だと断定した警察に対し、不信感があるとして、自ら長女の消息を求めるビラを付近に配布するなど、奇妙な行動を取っている。本人は、現在も不可解な供述を繰り返している。

◈ 本人の言葉

「どの国も一般常識で人を殺傷する事は悪い事なのは知っていますが、なぜ悪い事なのですか?」

「私の命が尽きるまで謝ります。が、償いかたがわかりません」

「華やかでも一瞬に消える流れ星より、地味でもそっとずっと咲き続ける普通の星でいいのだ」


土建業を営む鈴香の父親は、酒を飲んでは頻繁に家族に暴力を振るった。

そうした暴力は、母親だけでなく、鈴香や四歳下の弟にも向けられた。

母親によれば、父親の暴力は気分次第であり、拳で殴り、髪をつかんで蹴り、鈴香は鼻血を出すこともあったという。

鈴香は学校では目立たない暗い印象であり、周りから〝心霊写真〟などと呼ばれ嫌われていた。

しかし、その反面、部活においては反抗的で、問題児として退学処分の会議に掛けられたこともあった。

高校卒業後、住み込みで温泉の仲居として働くも一年で退職。

一歳年下の男性と結婚、長女が生まれるが、半年後に離婚。

娘を母親に預けパチンコ店に勤める。

当時、長女が周りに、「もう死にたい。家に帰りたくない」などと漏らしていたことから、「育児放棄」や「虐待」が行われていた可能性が非常に高い。

鈴香はやがて自己破産し、自宅のプロパンの契約すら打ち切られ、長女はカップヌードルにお湯も入れずに食べていたこともあったという。

高校時代の友人の話では、鈴香は子どもが嫌いで、娘が寝返りを打って自分の体に触れるとウザいからベッドの隅に追いやり、泣き止まないときは段ボール箱に入れ、自分はベッドで寝たという。

その一方で、人前では仲睦まじいフリを演じて見せている。女性の連続殺人犯の場合、周囲の関心を自分に向けさせるためや保険金などの金目的のために、子どもや老父母といった自分に依存している者を殺害するケースが非常に多い。

鈴香の場合、もともと自分の自由を束縛する長女が邪魔であり、同時に、子どもの頃のみじめな自分を娘に投影させ、衝動的に彼女を殺害したところ、想定外に周りが自分に同情してくれたことに味をしめ、悲劇の主人公としての注目を維持する目的で、隣家の男児を殺害した可能性が疑われる。

同時に、小さい頃から虐待を受け続けてきた鈴香が、殺害行為自体に快感を覚え犯行を繰り返した可能性も否定できない。

なお、彼女が精神的に解離を起こしての犯行と指摘する見方もあるが、一般に、連続殺人のほとんどは、「自我の分化（ego dystonic）」と呼ばれる解離よりももっと浅い、より本人の自覚のしっかりした心理状態で、確信的に行われる場合がほとんどであり、本ケースもその類に漏れるものではない可能性が高い。

解離による犯行の場合は、少年Aのように犯行前よりもっと早い時期に、既に何らかの幻聴・幻覚が見られる場合がほとんどである。

彼女の場合、そうした兆候すらないことから、むしろ、幼少期に父親の暴力と恐怖の中で育ったことから、他者を攻撃することに快感を覚える攻撃性の強いサイコパシーを発症させただけであり、解離障害を装うことで、死刑を免れようとしている可能性が高い。

一般に、信じられないほど攻撃的な側面を見せる一方で、完全に追いつめられると、急に悲劇の主人公を演じ、他者の同情を買おうとするのは、サイコパスの典型的な症状であり、マスコミに食ってかかる一方で、逮捕後、犯行をまったく覚えていないなどの弱さを見せる様は、その典型症状にピッタリと当てはまるように思われる。

【カルテ】

畠山鈴香の犯行の主因は、**酒乱の父親による恐怖と暴力**である。家庭における虐待からくる対人恐怖は、やがて彼女をクラスの嫌われ者にし、それにより生じた**学校でのいじめ**は、彼女の中に湧き上がる怒りをより一層強固なものにしたものと考えられる。目立たなく暗い学校時代を過ごした鈴香の心の中には、密かに、**自分が受ける攻撃に対抗する形で「攻撃性」**が育っていったものと思われる。

過去のみじめな自分を思い出させ自分の自由の邪魔となる娘を殺害したところ、自分の怒りを解消してくれる快感を与えてくれただけでなく、悲劇の主人公としてこれまでに得たことのない注目を周囲から浴びたことから、再びその快感を得るのと同時に、一連の犯行が第三者による犯行であると装うことで悲劇の主人公としての地位を不動のものにすべく、新たに近所の男児の殺害に及んだものと思われる。

犯行後、それまで一度も見せていない**解離の症状を偽ることで弱者を装うなど、典型的なサイコパスの症状**を見せており、タイプ2の父親の虐待による子どもだけを狙った連続殺人（未遂）と考えられる。

女性による殺人には、このように自分の経済的な欲望や他者の関心を引きたいといった願望から、自分に依存するような弱い立場にある者を殺害するケースが非常に多い。

ケースファイル⑥　豊川市主婦殺人事件

愛知県豊川市で、当時一七歳の高三男子が、その日たまたま玄関が空いていた家の前を通りかかった際、表札の名前から年寄り夫婦だけの家庭と判断し、家の中に侵入。在宅していた主婦（六五歳）を金槌で殴打した後、包丁で首などを刺して殺害。少年が家から飛び出すところを目撃したその夫も、少年と格闘し、首などを刺されて軽傷を負う。少年は近くの高校のブレザーを着用。事件を起こした後、最寄り駅まで逃走し、公衆トイレで一夜を過ごしたものの、「寒くて疲れた」ため交番に自首。

◇ 本人の言葉
「退屈だった」
「殺人の体験をしてみたかった」
「未来のある人は避けたかったので老女を狙った」

中学の教員をしていた少年の父親とその大学時代の後輩であった母親は、彼が一歳半の時に離婚し、
その後、少年は父方の両親である祖父母の家で暮らすようになった。
離婚後、急に母親がいなくなってしまった少年は、何か月間も猫のぬいぐるみを抱いて泣いてばかりいたという。
祖父は、昔やはり中学教師をしており、「世の中は厳しい」が口癖の頑固な人間であり、
小学校入学時に、実の母親からランドセルと百科事典が送られてきても、ランドセルは他人にあげ、百科事典だけは、その事実を少年には伝えずに、残しておいたという。
少年は、祖父母の八人の家庭で、祖母をお母さん、叔母を姉さんと呼ぶ偽りの特殊な環境で育てられ、
そのことが原因で、小学校でからかわれたりもしている。
また、飼い犬が死んだ時には、その遺体を祖父が勝手に捨ててしまったことに対し、「山に持っていかれてしまった」と友達に怒りを見せたという。

後に少年は祖父のことを、何事に対しても自分で指示しなければ気が済まない細かい性格で、自分が何か要求されると、何だかんだと理由をこね回して逃げてしまう人だと語っている。

祖父は少年の父親とも仲が悪く、祖母には絶えず命令ばかりし、少年には「勉強しろ、勉強しろ」と繰り返し、友達と遊ぶこともよしとせず、バイクの免許、ギター、アルバイトといった少年が関心をもつすべてを禁じた。

そんな祖父のことを少年は「過干渉」と受け取り、周りの人間には、自分の家は教師の家庭なのでうるさいと漏らしていたという。

しかし、祖父は、初孫である彼に対し、手を挙げることはなく、そのため逮捕後、少年は「今思えば、甘やかされて育ってきた」とも語っている。

モサモサとした口調で分かりきったことでもしつこく説明する風変わりな少年は、小学校の同級生からは「モッサ」と呼ばれていたが、その一方で、高校ではテニス部に所属し、クラスでの成績も優秀で、国立大学の理系に進学の予定であった。

その一方、彼自身の中では、親友と呼べるような友人はおらず、供述の際は感情を出さずに淡々としており、犯行後も家族のことを気に掛けるような素振りも一切見せていない。

テニス部を引退した後、

「人が物理的にどの位で死ぬのか知りたかった。人を殺した時、自分はどんな気持ちになるのか知りたかった」

「分かっていないからやった…」

といった一見不可解とも取れる動機で主婦を殺害し、

犯行後も被害者に対し「すでに死んでしまっているので謝っても仕方ない」と述べている。

小学校の頃から、生きとし生けるものすべてが死ぬことに強い関心を持ち、次第にそうした気持ちを抑えることができなくなり、「もう待てない」と判断し、犯行に及んでいる。

彼は、人間を「物」と呼び、まるで「死」を理解することで「生」の意味を実感しようとするかのようであったという指摘もある。

また、後に、あまり反省すると「今度はうまくやろうとして再犯してしまう」などとも漏らしている。

一般に、少年が後に診断されたアスペルガー（知的障害は伴わないものの、空気を読むのと感情表現が苦手なことから、対人関係に難があり、同時に、考えが偏り特定の事柄に異常なまでに拘ってしまう）は、今日では遺伝によるものとされている。

しかし、母親とのスキンシップを通して基本的感情を養う一歳半位の時期に母親を完全に奪われ、数か月も一人で泣き続けるという極度の感情面でのネグレクトによる「愛着障害」が、彼のアスペルガーの症状に何らかの実質的影響を与えた可能性は否定できない。

また、乳児期の愛着障害自体、髪の毛を引き抜いたり噛んだりという攻撃性につながる要因となるため、その後も続いた感情面でのネグレクトや祖父による一線を越えた干渉・管理とが合わさることで、より強い攻撃性を形成し、彼を犯行へと追いやったものと推察される。

それまでテニスで昇華されていた思春期の性的エネルギーが、退部と共に行き場を失ったことが、事件へつながるトリガー（引き金）となったものと思われる。

【カルテ】

一歳半で母親を失ったことによる「愛着障害」が少年の心に攻撃性の種を植え付け、その後、祖父に感情が「ネグレクト」された家庭で「強引な管理と干渉」を受けたことが、既に他者と心の交流を持たない無機質な構えを形成した少年の心の中に着実に攻撃性をため込んでいったものと考えられる。また、相手は「誰でもよかった」と自ら供述していることなどから、思春期の性的エネルギーによって暴発した、完全無差別・未分化なタイプ6の乳幼児期ネグレクト＋祖父による圧力による連続殺人（未遂）と考えられる。

まったく性的なニュアンスが存在しないのは、無機質な人格形成により他者と性的な関係を持つという発想すら持てない心理状況にあったためだと推察される。

祖父による過干渉的な環境を「今思えば、甘やかされて育ってきた」と少年自身は、語っているが、心理的な虐待を受けてきた者たちの多くは、構ってもらえている分、そうした干渉を愛情だと勘違いし、否定的な捉え方をしない場合が多い。また、実際に祖父による心理的な虐待はさほど攻撃的な意図のものではなかったかもしれない。しかし、本当の親子関係をも偽ってしまうなど、やはりその程度は一線を越えており、こうしたことに象徴される不当な圧力に、彼が生後一歳半から高校三年までの一七〜一八年間三六五日毎日晒されていたことを考えると、その蓄積された影響は決して小さなものとは考えられない。

通常愛着関係を結んだ母親が自分のところに戻って来なくなる場合、子どもは外界に対し反応しなくなり、最終的には「痴呆」に似た状態に陥ってしまう。そのことが感情の起伏を見せない彼の**アスペルガーの症状**

に少なからぬ影響を与えたと見て間違いない。

また、通常、離婚に至るまでの過程で、夫婦間で言い争いがある場合が多く、少年が一歳半までそうした環境に晒されていたことも考えられ、そのことが彼の攻撃性に多少なりとも影響した可能性もある。

ケースファイル⑦ 佐世保小六女児同級生殺害事件

長崎県佐世保市の小学校で、六年生の女子児童が、同級生の女子児童がネットの掲示板に自分のことを中傷する書き込みをしたことに腹を立て、午前中の授業終了後、学習ルームに呼び出し、カーテンを閉めて床に座らせた後、手で背後から目隠しし首と左手を切りつけた。被害者の首の傷は深さ約一〇センチ、長さ約一〇センチに達し、左手の甲には、骨が見えるほど深い傷があった。加害女児は、切りつけたあと一五分ほど現場にとどまり、被害女児を蹴り飛ばし、踏みつけている。後に加害女児は、犯行前夜に見た、カッターナイフで人を殺害するテレビドラマのシーンを参考にしたと供述している。

◆ 本人の言葉

うぜークラス
つーか私のいるクラスうざってー。

エロい事考えてご飯に鼻血垂らすわ、
下品な愚民や
失礼でマナーを守っていない奴や
喧嘩売ってきて買ったら「ごめん」とか言って謝るヘタレや
高慢でジコマンなデブスや
カマトト女しったか男、
ごく一部は良いコなんだけど大半は汚れすぎ。
寝言言ってんのか？　って感じ。
顔洗えよ。

女児の父親は、三五歳の時に脳梗塞で倒れ、リハビリ後は在宅で保険代理店や夜間のおしぼり配達などの仕事をしていた。

父親が家にいるときには家ではまったく笑い声がなく、女児は外出も制限され、無用な怒りを買うのを恐れてか、自分からは、親には話しかけないようにしていたという。

彼女の家庭は、父親が絶対君主であり、両親ともに姉ばかりを可愛がり、女児にはまったく無関心であったという説もある。

彼女の父親が倒れたのはまだ彼女が二歳になる直前のことであり、また、母親は彼女がまだ生後半年位の時から外に働きに出ている。

後に女児は収容先の自立支援施設で、「アスペルガー」と診断されている。

父親は女児のことをおとなしく手のかからない子であったとしているが、これは生後六か月の頃から母親が働きに出たことで生じた「愛着障害」による可能性が高い。

女児は、五年生の時に始めた地元のバスケットボールの活動が大好きであったが、同学年の三学期に成績が下がったという理由で両親に一方的に辞めさせられてからは、家にこもり「バトル・ロワイアル」など過激なビデオやサイトに熱中するようになり、その後、ネット上に「ヒマ」という言葉を連発し、その後クラス全体に対する不満を表すようになった後、犯行に及んでいる。

一見すると、彼女の犯行は、単に被害者に「ブリっこ」と書かれたことに対する、過剰な復讐行為のようにも見える。

しかし、小学校六年に進級する頃から少女は、残虐な描写の多い映画や小説に強い関心を持ち、壁に自分の頭をぶつけたり、突然、友人に殴りかかったりし、また、犯行そのものもカッターを使い、手の甲から指のつけ根にかけて骨が見えるほど肉を扇状に割き、切れた首の部分の皮膚を捻じり、血の飛び散った学習ルームで、文字通り、血の海の中に横たわった被害女児を蹴り続けるなど、暴力行為そのものに快感を覚えている兆候がハッキリと窺える。

彼女が乳幼児の頃から放置され、風変わりな父親に過度に管理・干渉されて育てられた事実は、豊川市主婦殺人事件のそれと酷似しており、双方ともにアスペルガーを発症しているという点でも共通している。

また、彼女が自分のホームページに書いた「私なんか親が死んでもう…親なんていないのに」という事実とは異なる架空の話は、少年Aが小学校三年の時に書いた「お母さんなしで生きてきた犬」と内容が酷似している。

これらの点から考えると、少女の犯行は、大量殺人系というよりは、むしろ、思春期暴発型の連続殺人系の犯行と判断するのが妥当と考えられる。

母親は、姉の授業参観には欠かさず出席していた一方で、女児の授業参観にはまったく顔を見せることはなく、周りからは、会っても無表情で笑顔一つ見せない変わった人間と思われていた。

女児と二人で歩いていてもまったく会話を交わすことなく異様な光景だったという証言もあり、乳児期から始まる母親の強いネグレクト体質がハッキリと窺える。

同様に、以前、女児が家のパソコンで遊ぶ許可を父親から取ったにもかかわらず、一緒にいた友達がパソコンに触るとその友達は許可を取っていないと血相を変え、その友達に対し激怒したり、女児が友人と遊びに行った際、皆割り勘であったにもかかわらず、女児だけが端数の数十円を多く支払ったことに対し、わざわざ女児の姉に友人宅に、電話させたというエピソードもあり、父親がかなり変わった、過干渉人間であったことも窺える。

彼女は、クラス全体に対しても怒りを抱いていており、その常態的な攻撃性は、仮に本件が起こらなくとも、いずれ、何らかの形で凄惨な事件を引き起こしていたと見てまず間違いない。

こうした観点から、被害者は一人ではあるものの、本件は、連続事件に準ずるものと考えてしかるべきであろう。

彼女の家は、山の頂上付近という他の子どもたちが遊びに行きづらい立地条件にあり、そうしたことも彼女が「ネグレクト＋圧力」の支配する家庭環境に閉じ込められてしまった要因と考えられる。

【カルテ】

犯行の主因は、**特異な母親による乳児期のスキンシップ欠如による「愛着障害」**と、**偏屈な父親による「過度の管理・干渉」の圧力**によって生じた攻撃性が、「ネグレクト」傾向の強い家庭環境で助長されたことによるものだと考えられる。**当時楽しみにしていたバスケットボール活動を、親の一方的な言い分によって辞めさせられたことにより、思春期の性的エネルギーを解放する場が失われたことが、犯行の直接のキッカケ**と考えられる。

性別こそ違うものの、同じ「愛着障害」を抱えた豊川市主婦殺人事件と状況が酷似し、共に、**アスペルガー**を発症していることなどからも、こうした「愛着障害」と「環境の圧力」が連続殺人的な人格の形成と何らかの関係があることが疑える。実際には連続殺人ではないものの、クラス全体に対しても怒りを覚え、過激な暴力シーンに強い関心を示しているなど、強い暴力的趣向が確認されることから、タイプ6のネグレクト＋過干渉による性的に未分化な無差別連続殺人（未遂）と考えられる。

(Ⅱ)　Ⅱ型サイコパスによる連続殺人

ケースファイル⑧　勝田清孝

約一〇年間にわたり金銭目的で二二件の殺人を繰り返す（内、立件されたのは八件のみ）。犯行方法は次第にエスカレートし、遂には交通事故で警察官を呼び出し、駆けつけた警察官を車で轢き、銃を盗み、その拳銃を使って、高速道路のサービスエリアから強引にヒッチハイクし乗り込んだ車の運転手を射殺する。「警察庁広域重要指定一一三号事件」に指定された。

◇　本人の言葉

「僕は、真人間になりたかったんです」

幼い頃、勝田の両親は野良仕事で忙しく、仕事の間は、ゴザの上に傘を差し、そこに一つ上の姉と勝田を置き仕事をし、その後、勝田が小学六年生になる頃から、両親ともに外に働きに出かけるようになった。

自宅はいつも親が不在の状態で、勝田は完全に「鍵っ子」状態に置かれ、母親が仕事に出る前に置いてゆく小遣いで駄菓子屋に行くのが楽しみだったという。

父親は生活不安を抱える一方で、向こう気の強い性格であり、世間体ばかりを気にした。そのため、勝田に対してはいつも口やかましく「勉強せい」と繰り返し、勝田が学校に行っている間に、勝田が可愛がっていた犬を捨ててしまったこともあったという。

そして、母親はそうした絶対的な父親から勝田を庇いたくとも庇えずにいた。

勝田は幼い頃から、こうした口やかましく決して甘えることのできない権威的な父親に対し、時には殺してやりたいような気持ちを抱き、母親に対しては庇ってもくれないことに憤りを覚えながら、次第に人の目を盗んでは、やりたいことをやる要領を身に付けて行った。

いつも学校から帰っても誰も迎えてくれる者のいない勝田には、「お帰り」と迎えてくれる家族のいる友達の家はとてもうらやましく思えたという。

一般に、幼少期に母親に十分愛されなかった子どもの中には、母親の愛情の代替物としてお金や物に異常なまでに執着し、スリルと快感を求めて何度も万引きや窃盗を繰り返す者がいる。

勝田の、欲しいものはどんなことをしても必ず手に入れるという異常なまでの物欲も、得ることのできなかった親の愛情に代わるものを掴もうとする必死な行為であった可能性が高い。

勝田の「素直でまじめな面」と「冷血で凶悪な面」との矛盾を指摘する声は多い。

高校在学中にひったくりで送致された少年院では、こうした二面性から、「精神分裂症」と診断されている。

勝田本人も、「…理屈では分かっていても、異状に出くわすと心に余裕といったものをたちまち無くしてしまい、頭の中は他人への思いどころか、自分のことだけで一杯になってしまう…」「(犯行を)告白してからというものは、…深い良心の呵責にとらわれ…不安と罪悪感は募る一方で、とても生きていられないような心理状態に追いつめられ…」と語り、実際に首を吊って自殺未遂を図っている。顔が土気色になって倒れているところを看守によって発見されていることから、こうした告白には一定の信ぴょう性があるものと考えられる。そこには、強い衝動に突き動かされては、後悔を繰り返す彼の姿が窺える。

サイコパスという概念は日本では未だに定着していないが、そのサイコパスにも、さらに、Ⅰ型とⅡ型の二種類が存在する。共に自分のやりたいように行動してしまうという点では共通しているが、Ⅰ型は感情を抑制する力が弱く、Ⅱ型は衝動的な感情が強すぎてしまうことが原因と考えられている。

つまり、Ⅱ型サイコパスというのは、状況に応じて、感情的になり過ぎ行動に移してしまうが、その後、冷静になり判断能力が戻ると、自分がやってしまったことに後悔するという行動パターンを繰り返すのである。

勝田の行動パターンは、正にこのⅡ型サイコパスのパターンそのものだと言える。

もし彼が通常のⅠ型サイコパシーによる連続殺人犯であったならば、こうした罪悪感や後悔、不安といったものをこれ程強く感じることはなかったはずである。

金銭欲に取りつかれ、人目を盗んでは自分の欲望を満たすために殺人を繰り返す彼の行動パターンは、親の目を盗んではやりたいことをやるという、彼が幼少期に身に付けてしまった行動パターンの延長であったと言える。


【カルテ】

勝田の犯行の主因は、**幼少時代から長く続いた「ネグレクト」**、大学に進学できなかったことに強いコンプレックスを感じていた**父親による、継続的な「過干渉と圧力」に対する怒り**、そして、そうした状況から**自分を庇ってくれなかった母親に対する憤り**の三つである。しかし、**豊川や佐世保のケースとは異なり、家の中に閉じ込められず、外に出て駄菓子屋などで幼い頃から他の子どもたちと「交流」することができたこと**で、Ⅰ型サイコパスのように感情の発達に異常をきたすことはなかったものと考えられる。しかしその一方で、**「寂しさ」を埋め合わせるために、人目を盗んでは欲しいものを手に入れるという「妄執的な行動パターン」を確立**してしまったことから、最終的には自分の行動をコントロールすることができなくなり、金目的で住居侵入しては口封じのために殺害する「二二」件にも及ぶ連続強盗殺人にまで発展してしまったものと考えられる。

彼の犯行は、強い感情に突き動かされて行動しては、後で後悔するという、典型的な「Ⅱ型サイコパス」の行動パターンであり、カテゴリー的には、タイプ8の「Ⅱ型サイコパスの病的執着」に当たる。やりたい放題を繰り返しながらも強い「罪悪感」と「後悔」を伴うという点では、後悔や不安を感じることのない通常のⅠ型サイコパスによる連続殺人とは大きく異なると言える。まだⅡ型サイコパスという概念が定着していなかった当時、こうした勝田の性格の二面性が、彼が「精神分裂」と診断された原因と推察される。

なお通常、「ネグレクト」＋「心理的圧力」は「Ⅰ型サイコパスによる犯行」につながるが、「外部との交流」が可能な場合は、心理的な逃げ道ができることから、「Ⅱ型サイコパスによる犯行」につながる。

また、「大量殺人」にも「泥酔したⅡ型サイコパスによる偶発的暴走」があるが、これは右記の基本的なⅡ型サイコパスに更にアルコール等の影響が加わった、もう一歩進んだケースであると理解して頂きたい。

合わせて：

「ネグレクト」＋「心理的虐待」（同時）＝「心理的虐待」効果の増幅

「ネグレクト」↓「心理的虐待」（時間にズレ）＝「ネグレクト」効果の増幅

となり、最終的な影響が異なることに注意したい。

ケースファイル⑨　尼崎連続変死事件

主犯の角田美代子（当時六四歳）は、兵庫県の尼崎市で、二五年以上もの間、些細な弱みにつけ込んでは他人の家族を乗っ取ることで血縁関係にない人物による「疑似家族」を形成し、親族間同士で暴力を強要したり、飲食や睡眠を制限させるなどの虐待を繰り返すことで、その財産を奪い、家庭を崩壊に追い込むといった犯行を重ねる。事件に加担した者の多くは、角田によって否応なく、事件に関与せざるを得ない状況に追い込まれた。逮捕後、兵庫県警本部の留置所で、早朝、布団内で長袖Tシャツを首に巻きつけ自殺。死ぬ前、角田は「生きていても意味がない」「死にたい。どうすれば死ねるのか」などの発言を繰り返していたという。八名が死亡、三名が行方不明。

◇ 本人の言葉

「男の子産んだんや…じつは妊娠しとったんや…子ども、めっちゃ可愛いで」

角田の父親は、労働者の街で左官の手配師をし、母親は若い頃売春婦をした後、小料理屋を経営していた。

角田が小学二年の時、両親は離婚、その後角田は方々をタライ回しにされた後、父親が引き取るが、金を渡すだけで面倒は見ず、家にはいつも見知らぬ若い衆がウロウロし、学校の弁当を作ってくれる者もいなかったという。そのためか、小・中学校と欠席が目立ち、中学頃から、角田は深夜徘徊で警察に補導されるようになる。

しかし、父親は娘のことを全く信用しておらず、母親もまったく他人事のように、関心を示すことはなかったという。

角田は、当時、そんな自分のことを真剣に注意してくれた教師に対し、「自分のことを叱ってくれるのは先生だけだ」と言って感謝したという。

高校を一か月で退学後、年上の男性と同棲。その後、実母から売春の仕事を勧められ、一九歳の時、未成年に売春させたことで逮捕される。

また、この頃は、近くで暮らしていたヤクザの叔父と親密な仲にあったという噂もある。

角田は、派手好きでクスリとギャンブルにも嵌っており、スナックを営業しながらも生活保護や保険金など金を稼ぐことに特別な執着を見せた。

その一方で、角田は、非常に寂しがり屋でひとりでいるのを極端に嫌い、一緒に飲んでいる人間が家に帰ろうとすると必ず引き止めたという。

また、自分がいじめの道具のように使っていた内縁の夫と義理の妹との間に子どもを産ませ、自分の子どもとして認知し、溺愛した。

角田の場合、その犯行の残虐さから一見、通常のI型サイコパスによる連続殺人と見られがちだが、実質は、それとは大きく異なる。

それは、彼女が、中学の時叱ってくれた先生に心から感謝し、ひとりでいるのを極端に嫌がり、自分のものとして育てた子どもに強い愛情を示している点などからも窺える。

通常、連続殺人には、I型サイコパスによるものが多い。

I型サイコパスというのは、基本的な対人感情が育っていないことから、他者との間に「心の絆」を築くことができず、特定の人間を愛したりすることは基本的にない。

そのため、特に彼女が最後に自殺している点は、罪悪感、不安、心配といったものを抱くことのないはずのI型サイコパスの特徴とは大きく異なっていると言える。

また通常I型サイコパスの連続殺人犯のほとんどは、刑務所に収監後も何食わぬ顔をして刑務所内の限られた生活条件の中、できる限り暮らしをエンジョイしようとする。

角田の場合、幼い頃からネグレクトはされていたが虐待らしい虐待はされておらず、また、方々をタライ回しにされて育ったことから、他者とのコミュニケーション能力を身に付けることができたことが、極度の精神的な変質を防ぎ、I型サイコパスにまでは至らなかったものと考えられる。

そして、そのことが、中学に入ってから、他の学校の不良たちを仲間にできたことにもつながった。

角田は、ネグレクトを基調とした環境の中で、グループを形成し、身近な母親、父親、叔父といった攻撃性の強い人間たちを自らの犯行のモデルにしながら、自己の欲望を満たすことで満たされなかった過去を埋め合わせようと、グループ内の人間に非情な暴力を繰り返しながら金を搾り取るというパターンを確立して行ったものと見られる。が、その裏で、寂しがり屋の人間として、人知れず苦しみもがきながら生きていたものと思われる。

しかし、被害者の手をバーナーで焼かせ、顔の原型が分からなくなるほどの暴行を平気で繰り返し、殺害を重ねて行った点からは、I型サイコパスをホウフツとさせるような残虐性が覗える（一説には特に刑務所などの閉鎖的な環境においては、Ⅱ型サイコパスの方が、激しい暴力性を示すという指摘もある)。

【カルテ】

本件の主因は、人の出入りの多い家庭で娘に関心を示さない両親により十分な愛情を掛けられずに育てられたことによる**子ども時代の「ネグレクト」**、方々をタライ回しにされたことなどから**「仲間を作る能力」を身に付けられたこと**、そして、**身の周りに暴力的手段で生計を立てる「モデル」が複数存在したこと**の三つである。こうした中、角田は、**金と派手な生活で寂しさを埋め合わせるパターンを確立し、徐々にその暴力的な生計の立て方から自らも抜け出せなくなって行ったものと考えられる。**それ故、本件は、**タイプ8の「ネグレクト」「圧力」「交友」という基本パターンに則る典型的な「Ⅱ型サイコパス」の病的執着**による犯行であると考えられる。

男女の違いはあるものの、彼女のケースは勝田のケースと酷似している。それぞれ、恐喝やひったくりといった犯行を繰り返しながらも、幼い頃からのネグレクトにより、最後まで自分に対する肯定感を抱くことができず、勝田は逮捕後首を吊って自殺未遂を図り、角田も可愛がっていた義理の息子と会うことができなくなることを悲観し、房内で自殺している。

「Ⅱ型サイコパス」と「大量殺人犯」は、ネグレクト家庭で育つことで、自分など愛情に値しない人間なのだと考えてしまうことから、悲観的なものの見方が強いという点では共通している。この二つが大きく異なる点は、Ⅱ型の方は、幼少期から外部との交流が可能であり、歪んだ家庭環境から逃れ、仲間を作ることができ、親の見えないところで自己の欲望を満たすスタイルを形成し、そうした悪事を繰り返すことでストレスを小出しにし息継ぎをしながら、なんとか生き延びて行くことができる点にある。

一方、大量殺人の方は、完全密封状態でネグレクトされたことから、自分の欲望を満たす悪習慣にすら向かうことができず、まっすぐ自爆的な方向へと向かってしまう。

しかし、こうしたⅡ型サイコパスも、**決定的な窮地に追い詰められると、根底にある「自己否定感」が頭をもたげ、大量殺人犯と同じように、悲劇的な結末を選んでしまう**ケースが少なくない。

こうした微妙な違いは、幼少期の環境からくる精神的な締め付けの度合いによるものであり、そうした意味では、Ⅱ型の方が心理的な締め付けが若干緩いと考えられる。

ケースファイル⑩　オウム真理教事件

教祖麻原彰晃（本名：松本智津夫）が救済の名の下、日本支配を企て武装し、一連の敵対する人物の殺害や無差別テロを行った事件。結果、死者は二九人、負傷者は六、〇〇〇人を超える。教団と対立する弁護士とその家族を殺害した「坂本弁護士一家殺害事件」、教団松本支部立ち退きに対しサリンを散布し計七人の死者と数百人の負傷者を出した「松本サリン事件」、教団への捜査の攪乱と首都圏の混乱を目的に地下鉄にサリンを散布して計一二人の死者と数千人の負傷者を出した「地下鉄サリン事件」の三件がその中心として挙げられる。最終的に一八九人が起訴され、一三人の死刑、五人の無期懲役が確定した。現在、松本は死刑囚として収監中。

松本は、早熟であり、早くから父親や長兄が必要なことを教えていたため、三歳頃から足し算くらいならできたという。また、幼い頃から自尊心が強く、男の子とはすぐにケンカになってしまうため女の子と遊ぶことが多く、性器に砂を入れたり、便をつかませたりといった他者に対する攻撃的とも取れる奇行も見せている。

こうしたことが原因で右の視力が一・〇近くあるにもかかわらず（左はほとんど見えない）、六歳の時、半ば親に見捨てられるような形で、全盲の兄と同じ盲学校に寄宿の形で入学させられ、松本はこの時の心の傷を、大人になってからも決して忘れることはなかった。

松本本人によると、他にも、盗んでいないスイカを盗んだと父親に一方的に決めつけられ、コテンパンに殴られたことがあり、その際も父親が自分をどこかに預けることを口にしていたことから、親は自分を家から追い出す口実を見つけようとしているように感じていたという。

盲学校へ出発する前には、まるで何かが吹っ切れたようにはじけるようなにこやかな態度を見せてはいたものの、盲学校に入ってからも、親が学校の行事に顔を出すことは一切なく、長期の休みの際は、他の子どもの親が皆迎えに来る中、松本だけがたった一人、寄宿舎に取り残された。

親は当初、国から下りる奨励金を当てにしていたという説もある。

唯一目が見え、自尊心の強い松本の心は全盲の生徒相手の授業や行事では、満たされることがなく、まったく身が入らなかった。

しかし、盲学校に彼のことを慕うものはひとりとしておらず、彼に対し唯一絶対的に君臨した長兄は激しやすく、何度も鉄拳を振るい、また、政治に対する不満や批判を松本に聞かせた。この頃から、松本は露骨な攻撃性を示し始め、全盲の生徒を落とし穴に落とすなどのいたずらをしている。

また、彼は人の上に立ちたいという願望が人一倍強く、自分のためにまわりを利用しようとする傾向が非常に強かった。そのため、児童会長、生徒会長に、何度も立候補しているものの周りの支持を得られず、一度も当選していない。こうした全盲の生徒たちを自分のために利用しようとする姿勢は、年齢と共に陰湿で狡猾になり、そうした悪事が教師に発覚すると凄みを利かせて居直り、それが通用しない相手には泣き落とすというパターンを繰り返した。

松本には自分への関心しかなく、敵対するものは徹底的に排除し、飛び込んでくるものは受け入れた。彼を担当した教員によれば、松本にあるのは自己主張だけであり、本当に気持ちが通じた実感が得られたことは一度もなかったという。

後に、医学部や東大法学部を目指すも叶わず、鍼灸師の資格と柔道二段を取得した後、再び大学を目指し、受験予備校に通う。そんな二二歳の時、同じ東京の予備校に通う一九歳の予備校生（後の妻）と結婚し、鍼灸院を開業する一方、夜は、「世直しの集会」と称して、信者の前身となるような者たちの集会を開き始める。

長兄によれば、もともと、幼い頃の智津夫は気性が荒いが、おとなしく、気のやさしい子であったという。

しかし、六歳の時に親から見捨てられたショックと、盲学校に入学後も会いに来てももらえず、授業で、分かり切ったようなことばかりが繰り返され、自分を殺し続けなければならなかったこと、そして、長兄からの鉄拳と心理的抑圧といった様々な状況を、盲学校を卒業する二〇歳までの一三年の間、経験し続けたことで、松本は人をコントロールしたいという強い願望に取り付かれ、ウソと詭弁を繰り返し、社会に出てからもそうした自己の願望への執着から抜け出すことができず最終的には、世紀末思想を巧みに利用することで地下鉄サリン事件へとつながっていったものと考えられる。

【カルテ】

犯行の主因は、六歳の時の一方的に寄宿制盲学校に入れられるというショッキングな体験と「両親の完全放棄」によるネグレクト、そして、その後の**兄からの圧力と、盲学校の屈辱的な学習・生活からくる不満と摩擦の中で絶えず自分の感情を殺し続けなければならなかった「ストレス状況」**であり、そうした中、**「盲学生を利用」することに喜びを見出すことでⅡ型サイコパスを発症して行ったものと思われる。**

松本には自分の命と引き換えに社会に復讐するといった大量殺人犯的な考えは毛頭ない。

むしろ、自分に無条件に従う者は積極的に受け入れ、刃向かうものは徹底的に排除し、どうしても勝てない教師に対しては泣き落とすという盲学校時代の彼の姿勢は、典型的なサイコパスの行動パターンと言える。

しかし、成人後も、父親がしたことに対する恨み節を述べ、逮捕時にはサティアン内の隠し部屋に失禁した状態で隠れ、逮捕後は精神異常のフリをしながらも控訴が棄却されると「なぜなんだ、ちくしょう」など感情的な繊細さを覗かせている点は、不安や罪悪感を感じないⅠ型サイコパスの特徴とは明らかに一線を画している。

よって、本件は、「ネグレクト」「圧力」「交流」の三つの基本条件が揃った、タイプ8のⅡ型サイコパスの病的な執着に当たるものと考えられる。**一～六歳までの幼少期は比較的愛情を掛けられ、六歳という比較的遅い時期にトラウマが始まり、その後も他者との交流の機会が継続して存在していたことから、基本的感情の発達には支障がなく、Ⅰ型サイコパシーを発症するまでには至らなかったものと考えられる。**かつて米国で信者たちを死に追いやったカルトリーダーたちの中にはこうした（特にⅡ型と思われる）サイコパスによるケースが非常に多い。

ちなみに、現在、松本は、外部からの刺激に一切反応せず、便を垂れ流し、実の娘の前で自慰行為を行い射精するといった奇行を見せている。当初は詐病であったものと思われるが、現在は、処方されている抗精神薬の副作用も疑われる。

ケースファイル⑪　女子高生コンクリート詰め殺人事件

バイト帰りの女子高生の自転車を少年が蹴り倒し、ホテルに連れ込み強姦。後に四人の少年グループの内の一人の自宅二階に少女を監禁し、性的・暴力的虐待の限りを尽くす。少女が警察への通報を試みたことに対する腹いせとして、足にライターのオイルをかけ、火で何度もあぶり、その腐臭が疎ましいことから、強姦から暴力の対象へと変わり、苛烈な行為は四一日間続いた。リーダー格の少年が麻雀に負けたことから、被害者を二時間にわたって鉄の棒で殴るなどのリンチを加えた後、放置し死亡させる。翌日、死体の処理に困った少年たちは、遺体を毛布で包み旅行バッグの中に入れ、ドラム缶の中にコンクリート詰めにして遺棄。別件で逮捕された少年の供述から、事件が発覚する。

◇ 本人たちの言葉

「赤ちゃんの手はちいちゃくてかわいくてたまらない　おなかがすいたときは指をしゃぶりチュッと音を立てる　お風呂に入った後においをかいだらお風呂のにおいがした（小学校の頃の加害者Aの作文）**」**

「オレたち大きくなったら殺人と覚せい剤やってやろう（小学校五年当時の加害者A）**」**

「ひったくりに行くぞ（加害者A）**」**

「俺の家に面白いのがいるんだよ（少年C）**」**

「お前、でけえ顔になったたな（少年C）**」**

「それまで、仲がいいように見せていたのが全部だまされたと思って、腹が立ちました（逮捕後の少年B）**」**

「こいつ、死ぬんじゃないか（加害者A）**」「大丈夫ですよ。こいつはいつもこうなんです**（少年C）**」**

「かわいそうだからというより、呪われたくなくて…（逮捕後の加害者A）**」**

加害少年の内、首謀者であった一八歳のAの父親は、証券マンでほとんど家族と食卓を囲むこともなく、母親もピアノ教師をしていて忙しく、ほとんどAのことを構うことはなかった。

その一方で母親はしつけには非常に厳しく、Aが勉強しないでいると、敷居の上に座らせ、嘔吐をもよおすほど怒った。

小一の時には、駄菓子を買うのを許されず、万引きして捕まると、母親に靴ベラが割れるほど顔を殴られ、ミミズ腫れになったこともあったという。

一方、父親は妹にだけにお土産を買ってくるなど妹ばかりを可愛がり、少年はそうしたことに怒りを覚え、電球の裏に「クソジジイ死ね」と書いたり、父の背広にハサミを入れたりしている。

Aは高校入学後、入部した柔道部でイジメにもあっている。

少年Bの両親は、新婚時代は仲が良かったが、Bが小学校に入る頃には既に完全別居状態であり、母親は水商売で生計を立てるようになり、Bと顔を合わせる時間もなくなり、一緒にいる時はいつもイライラしていたという。

高校に入って、家にガールフレンドを連れてくると母親に「アバズレ」と呼ばれた頃から、Bは母親に対して暴力を振るうようになり、母親が警官にBの悪口を言っているのを目撃した頃から、母親との関係は完全に切れたと思うようになっている。

女子高生の監禁場所となった少年Cの家庭は、父は病院の事務長、母は看護婦（当時）をしており、小さい頃から甘えん坊であったCは、中学に入り、母親に家庭内暴力を振るうようになってからも膝

枕で耳掃除をしてもらっていたという。
しかし、その一方で、家での躾は厳しく、三歳になるまではテレビを見せず、小学校に入ってからもテレビを見る時間は限られ、家事も分担させた。
父は酒好きで飲んで仕事から帰り母親からCが家事の分担をさぼったことを聞くと、寝ているCを叩き起こし、平手打ちを食らわせるなどの暴力を振るった。
後に、Cが母親に暴力を振るった際父親が止めに入ると、Cは「お前がやってきたことだ」と父親に返したという。

小学校ではいじめられっ子であった少年Dは、ある日やってもいない万引きに対し、母親が店主に代金を払い謝罪したことに対し、母への不信感を抱き始める。

Dの中学校は、軍隊式で、頻繁に体罰が行われるような学校であったが、母がそうした教師の言いなりになり、家に帰らないDの捜索願を出したことから、鑑別所送りにもなっている。

その後、Dはファミコンに熱中するようになっている。

Aは後に若干の不安の言葉を漏らしながらも、先頭に立って犯行に及び、B、Cは親に暴力を振るい、暴行そのものを楽しみ、犯行後もまったく罪悪感を見せず、ことBに関しては出所後も似たような犯行を繰り返し逮捕されている。

Dは、できる限り暴行に加わらないような姿勢を取りながらも、最終的には少女に対し最も過激な暴行を加え、少年院に送られてからもいじめに遭い、退院後は家に引きこもっている。

【カルテ】

四名の少年は、いずれも、**家庭で肉体的・精神的虐待やネグレクト**を受けており、少年Dに関しては**学校でイジメ**にも遭っていた。こうした親に「不信感」を抱いた者同士が思春期を経た後に出会い、グループを形成し犯行に及んでいる。

B、Cに関しては、明らかに暴行そのものを楽しんでおり、特にBに関しては殺害行為に対してもまったく罪悪感がなく、社会復帰後も犯行を繰り返すなどその程度が進んでおり、**サイコパシーの**傾向が覗える。

Aに関しては、小学校低学年までは妹に対する愛情を示すなど基本的な感情は備わっているが、小学校以降の父親の妹への偏愛、母親による虐待、そして学校でのいじめといった環境的な理由で暴力性を身に付けたものと考えられる。暴行を加えては不安や心配の言葉を何度も漏らしていることなど、**Ⅱ型サイコパス**の傾向が窺える。

Dに関しては、ネグレクト家庭であったことから、仲間と一緒に何かをするより一人部屋でゲームする方を好む性格であり、犯行に対しても周りに言われ、仕方なく加わっている。その一方、犯行最終日には、鉄球付きの棒で誰よりも過激に女子高生を殴り、死体をみじん切りにしミンチにすればいいなど過激な発言や行動を見せている。一方で、社会復帰後は、再び引きこもりの生活に戻っている。こうしたことを考え合わせると、Dは、Ⅰ型、Ⅱ型のいずれでもなく、ネグレクト家庭で育てられたことから十分な基本感情を発達させることができず、そのため社会に溶け込むことのできなくなってしまった、むしろ大量殺人系に近いタイプであると考えられる。日々の孤独な生活から来る鬱憤と基本感情の欠如が、彼を最終日の度を越えた暴走に駆り立てたのではないかと考えられる。

よって、本件は、最年長であるⅡ型サイコパスのAがその衝動性の強さから犯行を主導し、その後、サイコパシー傾向の高いB、Cが、Aに入れ替わる形で少女への暴行をリードし、Dは三名に促される形で犯行に巻き込まれたものと考えられる。

こうしたⅠ型・Ⅱ型サイコパスの傾向を持つ少年たちがグループを形成することで、そのことから来る集団意識も加わり、結果的に、人としての一線を完全に越えた凶行に至ったものと考えられる。

因みにギャングなどの暴力集団の中心的メンバーがサイコパス的な人物であるケースは少なくない。

(Ⅲ) 大量殺人

ケースファイル① 秋葉原通り魔事件

当時二五歳の元自動車工場派遣社員加藤智大が、歩行者天国の中、二トントラックで青信号横断中の歩行者に突っ込み、五人をはね飛ばした後車を降り、道路に倒れ込む被害者の救護にかけつけた通行人と警察官ら一四人を、所持していたサバイバルナイフで、たて続けに殺傷。死者七名、負傷者一〇名。

◆ 本人の言葉

「ワタシはアナタの人形じゃない」

「彼女がいれば、仕事を辞めることも、車を無くすことも、夜逃げすることも、携帯依存になることもなかった」

「店員さん、いい人だった…人間と話すのって、いいね」

「いい人を演じるのには慣れてる」

加藤の場合、進学校であったにもかかわらず入試に失敗し大学に進学できなかった母親のコンプレックスが、加藤に対する異常なまでの教育熱へとつながった。

加藤は小中までは成績優秀・スポーツ万能であり、その見返りとして母親からはある程度の愛情を得られていたものと思われる。

そのため、小学生当時の彼の表情は決して暗くない。

むしろ、母親に好かれたい一心から自ら進んで努力し、母親の顔色を絶えず窺ってはいたものの、彼女に対し憤りは感じてなかったものと思われる。

とはいえ、母親の教育熱の過熱には異常なものがあり、「一〇秒ルール」なるものを設け、智大が作文を書いている横で母が「検閲」し、「この熟語を使った意図は?」と訊かれ、智大が答えられずにいると、「一〇、九、八、七…」とカウントダウンが始まり、〇になると、容赦なくビンタが飛んできたという。また、智大が中一の時、食事中に母親が突然激高し、廊下に敷いた新聞紙の上にご飯や味噌汁をばらまき、父親と弟は智大がそれを泣きながら食べさせられるのを横目で見ながら、食事を続けたというエピソードもある。

この他、智大は友人の家に遊びに行くことも、友人を家に呼ぶことも、男女の交際も、見たいテレビを見ることも、すべて禁止され、冬の寒い日に薄着で外に立たされているのも目撃される。時には、母親に浴槽の水に頭を沈めさせられ意識を失うこともあったという。

通常であれば、連続殺人の方向に向かってもおかしくない程の虐待だが、小・中までは良い成績を取ることで母親の願望を満たすことができ、一定の精神的安らぎが得られていたことから、本人はこうした母による虐待行為を不快な圧力とは受け取っておらず、そのため基本的な感情の発達には支障がなかったものと思われる。

加えて、こうした異常な教育熱が小学校入学以降という比較的遅い時期から始まったこともその要因と考えられる

しかし、こうした智大のささやかな安らぎも長くは続かなかった。

智大が地域でトップの高校に入学したことに、両親（父親も高卒の銀行マン）は一度は有頂天になったものの、ハイレベルのライバルたちの中で智大の成績がアッという間に振るわなくなると、母親は簡単に彼のことを見捨てた。

「俺より弟を優先して、俺を見放すのか！　弟だけにしたいんだろう」といった当時の彼の言葉から、家庭内での自分の居場所を失うという、彼が小さい時から最も恐れていたことが起きてしまったことがハッキリと窺える。

その後、母親に尽くすために自分を完全に犠牲にし、自分が社会で生きて行くために必要なしっかりとした「自我」すら身に付けることのできなかった智大は社会的にも孤立し、着実に事件に向かって転落して行くこととなる。

智大の両親は、事件後離婚し、弟は自殺している。

【カルテ】

加藤の場合、小・中学校までは、母親の期待に応えることである程度の愛情を得ることができていたため、母に対する怒りもなく、基本的感情の発達にも支障はない。しかし、強い学歴コンプレックスを抱いた母親による、彼女の要求を満たさなければ愛情を与えないという強力な心理コントロールは、母親の願望を最優先し、自分の本心を殺し続けることを加藤に強い、その結果、彼自身の精神的発達は、小学校の頃から完全にストップしてしまっている。進学高校入学後、成績が振るわなくなり母親に見捨てられるようになると、社会の中で生きて行くために必要な自我がまったく身に付いていない加藤には、母親に対してと同様、他人の機嫌や顔色ばかり窺うような生き方しかできず、本心を出して本当の自分として生きて行くことなどできなかった。こうした彼の心境は「いい人を演じることには慣れてる」という彼の言葉からも窺うことができる。社会でも本当の自分を出すことができず心の居場所を見つけることができなかった智大にとって、不満、恐怖、孤立感はますます溜まって行く一方で、唯一本当の自分を出すことのできる最後の心の居場所であったネットの掲示板からも敬遠されるようになると、彼はこの世における自分の居場所を完全に失い、最終的に、長い孤独と摩擦に終止符を打つべく、大量殺人という凶行へと突き進んで行ったものと考えられる。

そのため、本ケースは、タイプ6の強い学歴コンプレックスを抱いた母親の異常心理コントロールにより、「自己の感情をまったく表現できない状況」に置かれ続けた結果、社会で生きて行くために必要な「自我」を築くことができなかったことによる、完全無差別型大量殺人であると考えられる。

ネグレクトを受けた人間というのは、人と付き合った経験が少ないことから自分のことばかりを優先させてしまい、結果、他者に対する期待と依存が過剰になってしまうことで、周りから敬遠されてしまうことが多い。また、人とやり取りしたことが少ないことから、普通なら何とも思わないような相手のちょっとした反応にも非常に敏感になり、そうしたことから生ずる日々のストレスや怒りは、心の中に着実に蓄積されてしまう。
いかなる事情であれ、「社会的動物」である人間にとって、社会的に孤立していること自体、決して健全な状態とは言えず、何らかの心の問題を抱えているシグナルであると言うことができる。

ケースファイル② 土浦連続殺傷事件

当時二四歳無職の金川真大が、七二歳の男性を自宅玄関前で背後から刺した後、髪を切るなどして変装し、茨城県警に「早く捕まえてごらん」などと電話を掛けて挑発。その四日後、荒川沖駅の西口から東口にかけての通路で、通行人と警官の八人を刃物で刺し、駅からおよそ二〇〇メートル離れた荒川沖地区交番の電話から自ら通報、現行犯逮捕される。二人が死亡、七人が重傷。

◇ **本人の言葉**

「危害そのものには魅力を感じていません。死刑にならなくても他者に危害を加えたいという欲求はありません」

「死刑になるのが目的で、唯一の希望として死刑を熱望していました。犯行時はもちろん、現在もそうです。死刑になることが目的です。刑罰の存在で犯行を躊躇したことはない。死刑の存在によって、犯行を促された。死刑は極刑ではなく、唯一の救いであり、ご褒美だったのです」

「完全勝利といったところでしょうか。（死刑願望が）変わることはない」「常識に縛られている側からみてそう見えても仕方ない」

金川の家庭は、父親が高卒の外務省勤務、母親はパート勤務であった。

金川は、二歳の頃、骨嚢腫で入院し、寂しい思いをしたことがあり、その後は、妹に嫉妬し、母親に甘えるようになったという（心理的なネグレクト状態は、他者への精神的な依存度を非常に強くする）。

その後、金川が、特に物覚えが良く、頭の回転が速かったため父親が彼に過大な期待を寄せるなどしてそうした金川の気持ちを埋め合わせたこともあり、彼が連続殺人的方向に向かうことはなかった。

しかし、小学校三年の頃から金川の成績が徐々に期待に反するようになると父親は、育児のすべてを母親に任せ、自身は仕事に没頭し、家庭を全く顧みなくなる。

金川には中学・高校を通して反抗期もなく、ある意味、おとなしく理想的な良い子であったが一方で、父親が金川に見切りをつけ、仕事に没頭するようになってからというものの夫婦間には溝ができ、家庭内に会話もなく、家族全体はバラバラになる。

そうした家庭環境の中、上の妹は、自分の声を母に聞かせたくないとの理由で筆談でしか会話せず、下の妹は兄弟姉妹とは縁を切りたいと言い、弟は付き合っている彼女が死んだらさみしいが、家族が死んでも何とも思わないなどと話し、家族同士、一緒に食卓を囲むことも、会話をすることもなく、互いの携帯番号すら知らない状態であったという。

金川の犯行の主因は、過度の期待を掛けてくれた父親が成績不振を機に自分を見捨てたこと、そして、親としての自信のない母親が真大が何か問題を抱えていても、そのことに直接対峙することなく、まるで腫れ物に触るかのように避け続けたことによる、両親による感情的ネグレクトであると考えられる。

特に、二歳の頃、入院でさみしい経験をしたことから、人一倍親と親密な関係を結びたいという願望を抱くようになった真大にとって、一時はかなりの期待と関心を向けてくれた父親が急に態度を変えたことから来る精神的なショックは、自身に対する強い罪悪感と同時に、いい子にしていればまた自分の方を向いてくれるかもしれないという期待と不安につながり、

こうした状況の中、本当の自分をまったく外に出すことができなくなった金川は、周りの常識に従うがままに、敷かれたレール通りに生きる理想的な良い子を演ずるに至ったものと考えられる。

後にある記者から苦痛への対処法について訊かれた際、

「一瞬心を無にする。次の瞬間もそうして、それを続けると苦痛を感じなくなる」

と金川が答えていることから、彼が心の中で人知れず何度も苦痛と闘っていたことが窺える。

しかし、子どもの頃からずっと本心を押し殺しながら生きてきた彼も、自然の力には逆い続けることはできなかった。やがて高校二年の冬の修学旅行の頃から、自分の中に湧き出てくる思春期のエネルギーを抑えきれなくなり、自分の本心を外に出し始める。

まるでそれまで敷かれていた常識のレールに意識的に反抗するかのように、彼は進学するのを止め、和菓子屋就職の道を選ぶが、自分が裏切られたと感じるような形でその就職の道が閉ざされると彼は完全にレールから外れ、断続的なコンビニのバイトとゲームに浸る生活を送るようになり、その数年後、事件を引き起こすことになる。

彼は心の中で、子どもの頃から両親や他人の顔色ばかりを窺いながら、自分を殺し、世間の常識通りに周りから言われるがままに生きてきたにもかかわらず、それが大人たちによって裏切られたことに対し、自分が騙されていたという強い意識を持つようになったものと思われる。

事件前には、「仕事に就け」という父親の言葉に逆切れし、物に当たるような一幕もあり、金川がそれを期に犯行を決意した可能性は高い。

犯行当日、金川は、まず上の妹を殺害した後、小学校や中学校、高校の生徒や教諭を殺し、その足で京都に行き、自分がネットオークションで購入した商品を送ってこなかった人物を殺害することを計画しており、逮捕後、警察には「誰でもいいから殺したかった」と自供している。

その一方で、収監後、拘置所に面会に訪れた幼馴染に対し、涙をためる一面を見せていることなどから、まるで自分には感情がないようふるまってはいたが、実際には彼はサイコパスではないことが分かる。

おそらく、幼馴染の訪問で幼い頃、父親に愛情を掛けられ、まだ幸せであった当時のことが彼の頭の中でフラッシュバックしたのではないかと思われる。

【カルテ】

小三までは父親から過剰な期待と愛情を掛けられていたこともあり、金川には基本的感情の発達に関してはまったく問題は見られない。が、その後の期待通りではないことが分かった息子に対する父親の落胆から来るネグレクト、そして、息子と直接向き合うことをしない母親の同様にネグレクトと取れる姿勢から、まだ小学生の金川は、両親が自分に振り向いてくれなくなったのは自分がいけないからだ、といった自責の念を抱いた可能性が高い。彼が極端に自分を出せなくなった理由もそこにあるものと考えられる。そのため、その後、反抗期もなく、学校でも後輩たちから「非常に良い先輩」だと思われているが、これは、加藤智大の場合と同様、家の外でも親の機嫌と顔色ばかりを窺い、まったく本当の自分を出すことができなかったせいであり、決して真の真大の姿ではない。むしろ、彼の心の中では、いい子にしていれば親はいつかまた自分にふり向いてくれるといった淡い期待と不安の中でいつも「本当の自分」が完全に置き去りにされ、学校でも家庭でも強い孤独を抱えていたものと考えられる。ところが、高二の終わり頃から、自分の中に湧き出てくる思春期のエネルギーを徐々に抑えることができなくなり、高三になると周りが勧める進学とは違う和菓子店への就職を自ら希望するが、それが失敗に終わることで、彼が自分らしく生きるために残されていた最後の可能性が遂に閉ざされてしまう。しかし、まだしばらくは生きていたいという思いから、断続的なバイトとゲームの生活を数年間続けるが、社会的に孤立し次第に精神的に追い詰められていった金川の心は、これまで言いなりにさせられてきたことに対する過去への怒り、日々の摩擦、そして、周りからのプレッシャーで限界に達し、最終的に、「仕事に就け」といった父親の言葉がキッカケとなり、犯行へと向かったものと考えられる。そのため、本件は、「自分の感情を表現できない」不安な環境（タイプ6）で育てられたことによる「社会全体復讐型大量殺人」と考えられる。

彼の心の中では、絶えず自分を殺しながらまったく反抗することなく「周り」に言われる通りに生きてきた結果、何一つとして報われることがなかったことが、親、教師、和菓子屋を含む社会全部がウソッパチだという強い怒りとなり、誰でもいいから片っ端から道連れにしてやろうという考えへと発展していったものと考えられる。こうした気持ちは、彼自身の「常識に縛られている側から見てそう見えても仕方ない」という言葉からも垣間見ることができる。この「常識に縛られている側」というのは、取りも直さず、両親を始めとする社会全体を指しており、彼が「自分」と「常識社会」という二律背反の考え方に陥っていたことを示している。

この事件は、自殺的な面が強いため秋葉原のような「復讐型の犯行」とは異なると指摘する声もあるが、それは、ただ単に金川が復讐の気持ちを露骨に外に表していないというだけのことに過ぎない。もし本当に復讐心がなければ、社会の中で幸せに暮らしている九人もの見ず知らずの人間を刺殺することなど絶対にできない。

「死刑」が目的であったという彼の言葉の裏には、自分のことをカンタンに見すてた親、誠実な自分の思いを裏切った教師や和菓子屋の店主等といった自分を受け入れてくれなかった「常識社会」に対する明らかな妬みと恨みがあり、彼のとった行動は自分を裏切った「常識」に支配された一般社会すべてを道連れにした間接的な自殺だったと言える。本当に理由もなく人の命を奪うことなど絶対にあり得ない。そして、正にそのことが無差別殺人を理解する上で最も重要なポイントだと言える。

ちなみに、アメリカにも、本当の自分を出せない環境で育った人間が、成人してからも社会に溶け込めず、最終的に自爆してしまうタイプ6の大量殺人は多く見受けられる。

ケースファイル③　西鉄バスジャック事件

九州自動車道のインターチェンジ付近で、一七歳の少年が運転手に刃渡り約四〇センチの牛刀を突きつけ、バスジャックした事件。乗客に対し「おまえたちの行き先は天神じゃない。地獄だ」と言い放ち、運転手を脅してバスを乗っ取り、行き先の西鉄天神バスセンターには行かずに九州自動車道をしばらく走行するよう指示。停車後、乗客に対しさまざまな指示を繰り返した後、カーテンを閉めさせ、内三人に切りつけ、二人が負傷、六八歳の女性一人が死亡した。最終的にサービスエリアで合図を受けた一五名の隊員の突入により少年は逮捕される。また少年は犯行前「ネオむぎ茶」のハンドルネームでネットの投稿サイトに書き込みを行っていた。

◈ 本人の言葉

「俺は幸せに生きているやつらが憎い」

「佐賀県佐賀市一七歳　ヒヒヒヒヒ」

「もう誰にも僕の邪魔はさせない。僕が長い長い年月を掛けて練った大切な大切な計画を貴様らは台無しにした!!　決して許すことはできない。いつ頃から立てた計画だと思う?　一一歳の時からですよ。六年三組の卒業写真で僕は立って睨み付けたようにしていたでしょう。全てはあの時から始まっている。これ以上、計画の遅延は許されない。本意ではないが…これで我人生を終わらせようと思う

…一人でも多くの人間を殺さねば!! それこそが我使命。こんなことになるとは…少々注意が足りなかったようだ…」

「ミンナシネ　このうらみけっしてわすれない　このうらみけっしてわすれない」

過保護な母親によって育てられた少年は、人付き合いが苦手なことから、小学校の頃よりしばしばいじめを受けており、既にその頃から幻聴を聞き始めている。

周りのクラスメートから加えられる攻撃に対し何も返すことができないことから、完全に鬱積した猛烈な怒りが彼の中で正常な自分と解離し始めていたものと考えられる。

一一歳の小学校の卒業写真撮影の頃には、既に周りに復讐を誓うような言葉を残している。

少年に対するいじめは中学三年の夏頃からさらに激しさを増し、同級生から筆箱を取り上げられ、返して欲しければ5メートルの高さの踊り場から飛び降りるよう強要され、少年はこの一件で実際に踊り場から飛び降り脊椎を損傷している。

後、県下で一、二を争う名門校に入学するも一学期で退学。

昼夜が逆転する形で自宅に引きこもり、深夜、親に名古屋や大阪に長距離ドライブを強いるなど、親子は完全に社会から孤立する。

この頃、幻聴は最も酷くなり、もう一人の自分が現れ、恐ろしいことを勧めるので誰か助けてくれといった旨のメモを彼はノートに記している。

その後、精神科医の協力で療養所に入院するも、自ら外泊許可を取り、犯行に及んでいる。本人の言葉の中には変質者的な臭いを感じさせるものもあるが、彼の犯行の本質はあくまで「復讐」であり、連続殺人系のように攻撃性と性欲とが融合し、殺害行為そのものに「快楽」を覚えるといったものとは明らかに性質が異なってる。

後に、解離性障害の診断を受けていることなどからも、その後はいじめ続けられたことによって、通常の連続殺人犯とは異なり、比較的穏やかな幼少期を過ごし感情の発達に問題はないものの本人の怒りがすべて凝縮した別人格が解離の形で彼の中に形成され、それが性欲を完全に超越し、むしろそれ以上に「破壊的な死」を美化することで実行された犯行であったと言える。

長い間自分をいじめ続けた者たちに対する怒りはかなり強烈であり、いじめの現場である学校を越え、ネットを通し、人間社会全体へと広がってしまったものと思われる。

公共交通機関であるバスを狙った理由も、そのためである可能性が高い。

【カルテ】

主因は、**母親の過保護**から同年代の者たちと適切な関係を築くことができず、その結果、入学以降長い間いじめを受けたことにより、人間社会全体に強い憎しみと怒りを抱いたことによる社会全体復讐型大量殺人（タイプ7）。また、ますますエスカレートするいじめに対する怒りで解離性障害を発症している。

もともと、幼い頃は愛情のある家庭環境で育てられていることから正常な感情の発達にはまったく問題はなく、幼少期より歪んだ家庭環境で育った宮崎勤や酒鬼薔薇のような他者を傷つけること自体に快感を覚えるような人格の変質は見られない。連続殺人と大量殺人との決定的な違いは、人を傷つける行為自体に快感を覚えるか、のけ者にされ続けたことへの復讐か、といった一点に集約することができる。しかし、同年代の小・中学生による執拗ないじめに対する恐怖は、それに対抗すべく、彼の心の中に強烈な攻撃的別人格を形成させ、それが解離性障害を引き起こすレベルにまで達しており、秋葉原のケースよりはかなりレベルが進んでいると言える。彼の場合、もし家庭内で既に虐待等が始まり、基本的な感情がしっかりと身に付いていなかったとしたら、連続殺人へと向かっていた可能性も十分考えられる。

親の過度な愛情と期待の下、少年が過剰に学業だけに縛られ、まったく対人的能力を発達させることができなかった点からは、自分の感情を外に出せない不安な家庭環境の可能性も若干窺えるが、もし完全にそうであるならば、人の顔色を素早く読み取るお調子者、もしくは、理想的な良い人間を演じていた可能性が高く、彼が他者と適切な人間関係を構築することができなかったことを考えると、やはり主因は過保護であり、そのことから来る対人関係構築への支障と考えるのが妥当だと思われる。この場合、過保護の中心は母親であり、父親はそのイネイブラーであったと考えられる。

親と子どもの距離は、近すぎても（過保護）、遠すぎても（ネグレクト）、「社会的孤立」という同じ結果を招いてしまう点は、注意に値する。

ケースファイル④　附属池田小事件

二〇〇一年、当時三七歳であった宅間守が大阪教育大学附属池田小学校に侵入。児童八名を殺害、さらに児童一三名、教員二名を負傷させた小学生無差別殺傷事件。

◈ 本人の言葉

「下関事件の模倣犯になりたかった」「命を持って償います」（初公判）

「今のは、誹謗とか批判ではのうて、純粋のワシの心から出たほんまの気持ち。わかってもらわんでもええ。言いたい事はまだある。それは、殺してしもーた子ども達にや！　わしが殺したガキどもは、わしの自殺の為の踏み台の為に、生きていたんやな！　ほんま、感謝しとる。あのガキが八人死んでくれたから、俺が死ねるんやから感謝せなあかん！　死んでくれてありがとう‼　でも、死刑になるだけやったら三人で十分やったな。残りの五人はおまけで感謝しといたる！　あはははははは！　ほんまおもろい！　ワシは死ぬことびびってないで。遺族にはなにもできへんし最高や！　世の中どんなに金かけてもワシに一瞬にして殺されれば勝ちも負けもあらへん！　世の中は公平やない！　わしは世の中の不条理をあのくそガキにわからせてやったんや。ワシみたいにアホで将来に何の展望もない人間に、家が安定した裕福な子どもでもわずか五分、一〇分で殺される不条理さを世の中に分からせたかったんや、世の中勉強だけちゃうぞ！　とあのくそガキに一撃を与えたんや、死ぬ前に世の

中の厳しさが分かってよかったな、感謝せいよ。ワシはいままで散々不愉快な思いをさせられて生きてきた、でも、今日は、ほんまワシは気分がええわ。ワシを悩ませた糞親にも嫁の家族にも迷惑かけてな！　親戚に守がいますなんて千年たってもいえへんな！　こんなケッタイなおっさんに一瞬やぶすぶす事件は、ほんま！　おもろい！　ほれでも、ワシはまだ満足はしてないで！」

「おまえらは、ほんなに偉いんか？　おまえらは、七、五〇〇万円もらってホクホクやな！　よろしいな。転がり込んだ七、五〇〇万円よろしいな！　そやけど、おまえらのガキの八人分の命はワシ一人を殺して終わりの程度の価値やったんやぞ！　エエ学校に行かせて偉そうにしとったから死んだんや！　ガキどもが死んだ原因はおまえらにあるんやぞーー！　せいぜい一生反省せいよ！　あの世でもおまえらの子ども、追いかけ回して、しばき倒したるからな！　あはははは！　あははは！　こらおもろい！　こら、傑作や。わしが八人を死刑にすんのに一〇分かかっとらんのに、わし一人の死刑に二年近くかかって随分、ご丁寧な事やのー!!」

守の父親は、先祖が旧薩摩藩の下級武士であったことを誇りとする激しい気性の持ち主であり、家族全員に対して激しい暴力を振るい、母親は毎日のように殴られて血を流し、守も父親から厳しく接せられた。

守は暴力を振るう父親を憎悪し、寝ている間に包丁で刺殺してやろうと思ったという。

後に守は父親のことを、「物事が上手くいかないとすべて人のせいにする人間」と評している。

そうした環境の中、守は三歳の頃には既に三輪車で国道の真ん中を走って渋滞させたり、小学校では強い生徒にはいじめられていたが、弱い生徒のことは徹底的にいじめている。

また、猫などの動物を新聞紙に包んで火をつけて殺害し、後に強姦事件も起こしている。

一見、こうした側面だけを見ると、虐待による連続殺人犯の背景を思わせる。

しかし、その一方で、母親は守を身ごもった時から、父親に「これはあかん」「おろしたい」と言い、母乳をあげることも嫌がり、さらに、守が中学を受験する際には、「お前なんか生まれてこなければよかった」という言葉を浴びせている。

母親は、家事、育児も苦手であり、家事のほとんどは父親が担当している。

こうしたことを考え合わせると、彼の「人格の基調」は、やはり父親の虐待が起こる以前の、母親によるスキンシップの欠如及び感情のネグレクトによるものと考えられる。

動物虐待や強姦といった連続殺人的な兆候は、乳幼児期のネグレクトの後に起こった父親虐待による、二次的な症状と取るのが妥当であろう。

ムシャクシャした気持ちからそうした行為を行ってはいるものの、彼の人格の基調をなすものはあくまで「復讐」であり、他者を傷つけることや流れる血そのものに「(性的な)快感」を覚えている訳ではない。

そのため、もし連続殺人と大量殺人を結ぶ座標があるとすれば、彼の人格はその中間地点よりも明らかに大量殺人寄りに位置するものと考えられる。

彼の犯行がⅠ型サイコパスのような人格の変質によるものでなかったことは、彼が初公判で漏らした「反省の言葉」や、死刑執行直前に担当刑務官に残した「『ありがとう、と僕が言っていた』と、妻に伝えてください」といった言葉からも確認できる。

「大量殺人犯」である宅間と「Ⅱ型サイコパス」である勝田・角田との決定的な違いは、母親が宅間を産んだことを後悔する旨の嫌味を何度も繰り返したことにより、宅間が**自己の存在を完全に否定された**点にある。

その結果、弱い者をいじめたり、周りの者たちと話したりすることはあるものの、宅間の自己否定感は勝田や角田のそれと比べて圧倒的に強く、そのため二人のように仲間を作ることができず、自分の欲望を満たすための犯行を繰り返すようなスタイルを築くこともできなかった。

このことは、「こんな僕でも、適当に悪さして憂さ晴らしできれば、そこそこやっていけたんやないですか?」といった本人の言葉からも確認することができる。

宅間が起こしている無数のトラブルは、自分の楽しみに向かう行為というより、むしろ、そのほとんどが自己防衛のための過剰反応と思われる。

宅間は、強い否定的な考え方のせいから、周りはすべて「敵」と考え、何かある度に、相手がわざとやったのではないかと勘ぐり、周りに人がいるだけで自分に対して何かしようとしているのではないかといった意識を絶えず持っており、こうした被害妄想からか、高校の同級生は、宅間には友達は一人もおらず、いつも一匹狼的な人間だったと語っている。

また、彼は四度の結婚と一度の養子縁組を行っているが、内三名はすべて一九歳、二〇歳、四四歳も年上の女性であり、宅間が無意識に母性的なものを追い求めていたことを窺わせる（ちなみに、三回目の妻は宅間の許可なく子どもを中絶し、四度目は獄中結婚であり、そのどれも長続きしていない）。

Ⅱ型サイコパスの勝田・角田に比べると、大量殺人犯の宅間の「自己否定感」はさらに強固で、表面的な人との接触はあるものの、本質的な「孤独感」と「絶望感」は宅間の方が明らかに強かったものと思われる。

「大量殺人」と「連続殺人」の決定的な違いは、幼少期の環境が全体として「ネグレクト」が優勢であったか、「虐待」が優勢であったかによる。そして、基本的にネグレクトと虐待が同時進行で起きていれば虐待の効果が強調され、虐待がネグレクトとは別に時間的に後に起こればネグレクトの効果が強調される。

この点で、宅間のケースは、まず最初に、乳幼児期に始まる母親の拒絶によるスキンシップの欠如と彼を産んだことへの後悔があり、父親の虐待はあくまでその後に起こったものであり、そうした意味では、完全にネグレクトがベースとなっていると言うことができる。

そして、大量殺人とⅡ型サイコパスの決定的な違いは、幼少期のネグレクトされていた間に他者と「交流」する機会があったかどうかで決まる訳だが、宅間の場合、周りの子どもたちと「接触」はあるものの、相互の「信頼」が欠如した一方的なやり取りであり、交流と呼べるものではなかったと考えられる。

【カルテ】

宅間の犯行の主因は、あくまで、**乳児期に始まる、母親の性格の歪みからくるスキンシップの欠如と拒絶**であり、これによる強い自己否定感が、彼の完全な人間不信につながったものと考えられる。犯行が起こった現場は小学校に限定されてはいるものの、裁判で「幼稚園ならもっと殺せた」などと発言していることなどから、その目的は、自分の恵まれない出自とはまったく異なる、大学附属小学校に通うエリート層の子どもたちという、「社会の最も大切にしている弱い部分」を攻撃することにあり、タイプ3の特異な母親が原因による「社会全体復讐型大量殺人」と考えられる。

宅間と勝田の違いは非常に微妙である。主因は共に幼少期のネグレクトであるが、その自己否定度合いは、明らかに、宅間＞勝田であり、そのため、勝田はひったくりや強盗という自己の欲求を満たす病的習慣を形成できたが、宅間に見られるのは自己防衛のための過剰反応だけであり、人間関係構築能力も、明らかに宅間＜勝田と言える。四度にわたり結婚していることから、一見、宅間の方が対人関係に長けているように映るかもしれないが、複数回の結婚というのは、実際には、他者との関係を長期にわたって維持することができないことの表れであり、このことは、周りの人間はすべて「敵」か「味方」に分かれるという、彼の極端な考え方とも合致する。勝田の方も、少年院あがりということもあり、人間が信じられないという妄想が広がってしまうと本人も漏らしていたが、結婚そのものは約一二年続いており、並行して、愛人をもうけたりもしている。一方、宅間の社会不信は、何かある度に他人が自分に対しわざとやったのではないか、周りに人がいるだけで自分の悪口を言っているのではないか、といった、明らかに程度の進んだものになっている。

宅間の言葉には、社会の矛盾を痛烈に批判するような言葉が数々見られるが、大量殺人犯や連続殺人犯というのは、理由は異なるにせよ、基本的に、社会に属すことができず、社会を外から眺めているため、その中で生活する一般人以上に、その不条理をより敏感に鋭く指摘する。しかし、そうした社会の問題は、あくまで彼らの犯行を正当化する大義名分に過ぎず、彼らの真の動機は、彼らが育てられた特殊な環境から来る「非常に個人的な理由」によるものであり、決して「社会正義」などではない。

また、宅間は何度も「生きるのがしんどい」という言葉を繰り返していたが、その言葉から、親に自分の存在そのものを否定された人間が、生きて行くために必要な前向きな肯定感を持つことができず、社会とのちょっとした摩擦にも過敏に反応し、傷付いてしまうことで、毎日どれほど苦しんで生きなければならないかを、垣間見ることができる。

本件も金川真大のケース同様、社会全体を敵に回した間接的な自殺行為と言えよう。

⒁ まとめ

これまで見てきた実例を、簡略化して整理すると、以下のようになる。

〈Ⅰ型サイコパス連続殺人〉

	主因（乳／幼児期からの 不自然な圧力）	備考／【 】はタイプ分類
佐世高1	父からの過剰な圧力	Ⅰ型サイコパス【2】
神戸	母の過干渉	準Ⅰ型サイコパス、解離傾向あり【1】
宮崎	奇形による毎日の恐怖 **＋ネグによるバラバラ家庭**	父の母への暴力、幼少期の愛着障害の疑い、統合失調傾向あり【6】
佐川	1歳時の腹膜炎 ＋**社会ネグ**（虚弱のため幼稚園不参加と小学校遅入学）	**出産時酸欠**【6】
畠山	父の酒乱暴力	Ⅰ型サイコパス【2】
豊川	祖父の過剰管理 ＋ 乳児期の愛着障害 **＋その後のネグ**	アスペルガー【6】
佐世小6	父の圧力 ＋ 乳児期の愛着障害 **＋その後のネグ**	アスペルガー【6】

（注）乳児期の愛着障害は、その後の幼児期のネグレクトに比べ、より深いレベルで正常な感情の発達を阻害し、殺害願望にもつながりやすい

〈大量殺人〉

主因（自我のネグレクト）		備考／【 】はタイプ分類
秋葉	母の心理コントロールによる自我発達の停止	→母に見捨てられた後の社会的孤立【6】
土浦	父の態度急変後の不安による自我の押殺	→思春期の爆発と脱線【6】
西鉄	母親の過保護による自我不形成→激しいいじめ	解離性障害【7】
宅間	母親の望まぬ出産からくる自我の完全否定＋後の父による暴力	→被害妄想からくる孤立と反射的過剰防衛【3】

〈Ⅱ型サイコパス連続殺人〉

主因（幼少期からのネグ＋圧力＋他者との交流→病的常習行為）		備考／【 】はタイプ分類
角田	ネグ＋暴力モデル（叔父・父・母）＋手下形成→恐喝の常習化	【8】
勝田	ネグ＋父からの圧力＋仲間形成（同級生・妻子・愛人）→ひったくりの常習化	母による父の圧力の黙認【8】
コンクリ	ネグ＋虐待・親の裏切り・いじめ＋仲間形成→ひったくり・恐喝・強姦の常習化	【1】【2】【3】及び【8】
オウム	ネグ＋兄の圧力・盲学校での屈辱＋盲学生の手下形成→他者利用の常習化	【8】

イメージ

I型サイコパス **原因は一方的な圧力によるストレス(⇓)** 乳幼児期から、コミュニケーションの欠如した一方的な抑圧傾向の強い家庭で育てられたため、他者の気持ちや痛みが分からず、鬱憤を抱え、病的なウソをつき、また、人とのコミュニケーションを通して不安や罪悪感が育っていないことから否定的な考えを持たない。全般的に感情が浅く、その中心は自分自身にまつわる原始的な「快感」と「不快感」だけであるため、周りには理解できない一見意味のない逸脱行動や、理由もなく他者を攻撃したり貶める支配ゲームといった、絶えず刺激を求めるような行動ばかりを繰り返し、いざ悪事が発覚すると弱者を装い同情を買う、もしくは、真っ向から開き直るといった行動を取る。自己の行動抑制力が弱いことが原因と考えられており、しばしば爬虫類に例えられる。

(注) I型サイコパスには、殺人などとは関係のない「より軽度」な非暴力的犯行を繰り返す者も多く、会社や政治家、医師、弁護士など様々な分野に存在する。

連続殺人犯 **原因は均一な重度の虐待(⇓)** ベースは基本的な感情に障害のあるI型サイコパスであるが、単なるI型サイコパスと比べ「より強度の圧力」(虐待・恐怖・裏切り・干渉・辱め・性的な抑圧や歪み等)の下で育てられたため、「怒り」の度合いが非常に強く、それが性欲と合体することで、気に入らないことがある度に殺人という形をとって排出され続ける。殺人もしくは殺害行為自体に快楽を感じ、そうした欲望を満たすことが生活の中心となっている特殊な人間。「表の顔」と

「裏の顔」をハッキリと使い分け、通常、捕まらぬよう細心の注意を払い、逮捕後も、反省することはなく、自分が犯した残虐な犯行についても淡々と説明し、自殺することはない。虐待という形ではあるが、親とのやり取りが存在していたため、そのエネルギーを原動力に「自己否定」を「他者否定」に切り替えることで生き続ける。「不安」や「罪悪感」を感じる度合いは乳幼児期の「母親との愛着」の形成度合いにより、その度合いが低い場合には、犯行に秩序がなく、被害者を物のように扱い、すぐに殺害してしまう。

大量殺人犯　**原因は重度の自我ネグレクト(φ)**

ネグレクト・心理コントロール・両親の非柔軟性・過保護といった、「自我」(本当の自分)が完全に無視される環境で育ったことから、対人能力が欠如し、社会に入って行くことができず、社会的に孤立し、いじめに遭うことも多い。社会とのちょっとした摩擦から否定的感情とストレスを溜め込んでしまい、同時に生きて行くために必要な肯定的なエネルギーを幼少期に注入されていないことから、そうしたストレスが限界まで達することで、ある出来事をキッカケに、最終的に自滅してしまう。自己や社会に対する否定感が非常に強いことから自分自身の喜びに向かうことができず、心からの仲間も作ることもできない。大量殺人は、I型の連続殺人のように殺害行為や殺人自体に「快感」を感ずるのではなく、その根底にあるのは妬みと憎しみであり、仲間はずれにされ続けてきたことに対する「復讐」への妄執が、自然な欲求である性欲をも否定し、代わりに復讐の自爆ミッションをロマンチックに美化することで決行される。

（注）大量殺人は、基本的にサイコパシーとは関係がなく、むしろ、「強迫性」や「被害妄想」、「鬱」といった障害と関係する場合の方が多い。

Ⅱ型サイコパス　原因は自我ネグレクト＋交流（φ↓）

家庭内でネグレクトされていたが、外部の友達との交流が可能であったため、基本的な感情に問題はない。しかし、衝動性や欲望が強すぎることから逸脱行動を繰り返してしまい、その都度、不安や罪悪感に苦しむ。ネグレクトにより得ることのできなかった親の愛情を無意識に埋め合わせようとして、特定の物や行為に病的に執着し、そこから抜け出すことができない。幼少期の外部との交流経験があることからグループを形成する者も多いが、ネグレクトにより親に十分な愛情を掛けられていないため自己否定感は強く、追いつめられると、自殺することも多い。周りに暴力的なモデルが存在している場合には、病的執着行為も暴力性を帯びる。衝動性が強いことが原因と考えられている。

（注）
1．「虐待」が、基本的な感情が発達した後の、比較的遅い時期に起こる場合もⅡ型サイコパスになりやすい。また、ネグレクト＋外部交流だけでなく虐待＋外部交流のパターンも存在する。
2．「ネグレクト」はⅠ型サイコパス、Ⅱ型サイコパス、連続殺人、大量殺人のすべてにわたって見られるが、その役割は明確に異なる。Ⅰ型サイコパス—一方的価値観による子どもの感情の無視（押し潰し）。連続殺人—虐待の効果を増強する二次的要因として。大量殺人—主因としての子どもとのコミュニケーションの不在。Ⅱ型サイコパス—主因としての子どもとのコミュニケーションの不在（外部との交流あり)。

3.「アスペルガー」は、先天的な障害とされているが、連続殺人にも大量殺人にも共に少数見られる。同じアスペルガーであっても、全体的に不自然な「圧力要因」が優勢であったか、「ネグレクト」が優勢であったかによって、連続殺人系と大量殺人系に分かれる。

4.「Ⅰ型・Ⅱ型サイコパス」は、自分にとって楽しいこと(+)に向かうことができるが、「大量殺人」はそうした楽しいこと(+)にすら向かうことができず、唯一のゴールである「死」を美化してそれに突き進んで行く「サガ」にある。

5.連続殺人・大量殺人・Ⅰ型サイコパス・Ⅱ型サイコパスは、ハッキリと区切られるものではなく、それぞれがつながっており、その環境における微妙な「力」加減によりその位置が決まる。

6.

① 一〜一・五歳までの虐待(圧力)とネグレクトは脳の発達そのものに影響し、

② 一・五〜四歳までのものはその人間の後の対人関係の基盤となる「対人的な構え」に影響する。

①は後に修正することは基本的に不可能であるが、②に関しては、善悪の判断という認知のレベルでの更生はある程度可能である。

7.「感情面の障害」の程度は、準サイコパス(対人的な構えのレベル)<真性サイコパス(脳のレベル)<アスペルガーの順に強くなる。

ただし、それぞれが「暴力的犯罪」を犯すか否かは、あくまで、その環境における「圧力要因」の有無によって決まる。

そのため、右記の症状があるからといって必ずしも暴力的な犯罪を犯すとは限らない。

特に統合失調等の精神疾患を患っている場合には、その臆病な性格から犯罪を犯すことは希だと考えられている。

連続殺人発生までの経緯

乳幼児期の状態）

単発的／継続的な不当な圧力（肉体的・心理的虐待）

↓

常態的な怒り） 加虐行為への快感　（自我の歪み）

↓

予兆行為） 放火・動物虐待・夜尿・病的なウソ等

↓

性欲との結合

↓

抑えられぬ欲望・偶発的チャンス

↓

犯　　行） 連続殺人

（試行錯誤による手口の巧妙化・快感追求の常習化から来る犯行の乱雑化）

大量殺人発生までの経緯

乳幼児期）　放置・放棄・無視　コミュニケーション不在

不安　非柔軟対応　過保護　心理コントロール

（自我のネグレクト／肯定的エネルギーの不与）

↓

自我の不形成

↓

孤立　イジメ

（社会に入れない）

↓

妬み・恨み・怒り　社会否定　自己否定

↓

経　過）　摩擦による怒りの蓄積

↓

引き金となる出来事

（思春期のエネルギーの噴出・我慢の限界）

↓

犯　行）　復讐の決断

↓

大量殺人

↓

死（自殺／警察による射殺）逮捕

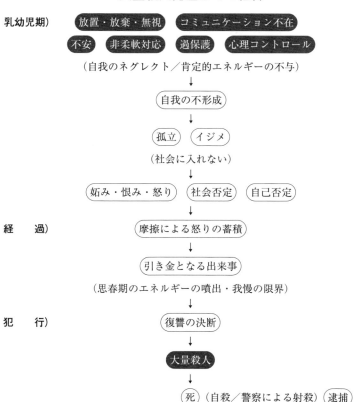

警鐘

今日の日本では、

1．（特にコンプレックスや不満を抱えた）親による子どもの学業・スポーツ・芸能等の成功に対する異常な執着及び過度のプレッシャー／子どもが親の思い通りの結果を出した時のみ喜び、そうでない場合には落胆を示す

2．自分の置かれた状況に対する不満から、母親が子どもを自分だけに向けさせようとする

3．（特に若い）親の関心の優先による子どもの放置

4．一人親や共働きによる仕事優先

5．子どもが欲しくなかった、もしくは、子どもが懐かないことからくる育児放棄

6．親の凝り固まった融通の利かない方針

7．権威主義

8．特殊な地域性や飲酒による虐待

9．母親のボーイフレンド継父による虐待

といった傾向がしばしば見受けられる。

1～6はネグレクト系、（1、2）、7～9は虐待系。

社会傾向的に、現時点では、日本には、どちらかと言うと、秋葉原事件などを始めとする大量殺人系の事件の方が多い。

ストーカー被害やネットでの炎上といったケースが多いのも、家庭内でのコミュニケーションの欠如により「自我がネグレクト」されて育った人間が多いことから来る、他者への「妬み」や「執着」という大量殺人系の現象と言える。

その一方で、8と、特に9も頻度が高く、7の権威主義家庭もサディスティックな快感を抱えた人間を社会に送り出している。

つまり、**日本社会の現状は、もともと大量殺人的な要素を生みやすい基盤の上に、徐々に連続殺人系が増えつつある**といった傾向にあると言える。どんなに女性の社会進出が進み、物質的に豊かになろうとも、乳幼児期（特に生後三年まで）の子どもたちを肉体的・心理的なネグレクトや虐待から守れるしくみを社会全体に確実に担保することは、私たちが本当に安全で安心な暮らしを守りたいと考えるのならば、何よりも先に取り組まなければならない第一優先課題だと言えよう。

なぜなら、家庭という密室内でネグレクトされ、虐待された子どもたちは、やがて確実に私たちの社会に牙をむくようになるのだから。

追記

この原稿の執筆を終えた翌日、私が直接やり取りを重ねていた連続殺人犯トミー・リン・セルズの処刑が、アメリカ時間の夜七時、テキサス州で執行された。報道によれば、彼は「敢えて辞世の言葉は残さないで行きたい」と処刑担当官に伝えた後、被害者の遺族たちが見守る中、彼らに目を向ける

 こともなく、無言で処刑台の上に横になると、静かに目を閉じ、そして、薬物が投与された後、一瞬大きくいびきを掻いて数秒で全く動かなくなったということである。

一度しか生まれてくることのできない命。そうした他者の命を奪うということは、当然、自分自身の命が奪われることも覚悟しなければならない。複数の人間の命を奪った彼が処刑されるのは、誰にも止めることのできない自然の摂理であろう。

その上で、「俺、絵を描くのが好きなんだ」「死刑囚房は冬、本当に寒いんだ」「動物が好きだから、本当はできるならベジタリアンになりたいんだ」「手紙のやり取りで知り合ったガールフレンドも母親と同じようにヤキモチばっかりで、今回はもうダメかもな」「弁護士は、暗闇の向こうに光があるなんて、まるで死んだ後に未来があるようなこと言うけど、俺にはそんなふうには思えないよ」「毎日毎日、嫌なことばかりだから、最近、死んじゃった方が楽かも、ってふと考えるんだ」と、彼が私への手紙の中で語ってくれたウソのない言葉は、今も私の脳裏に焼き付いて離れない。

母親に徹底して嫌われ、金と引き換えに性犯罪者に預けられ、唯一彼に愛情を注いでくれた叔母との接触すら禁じられ、死んだ後も夢の中にまで出てきて彼をいじめ続けた母親。そんな攻撃性だけを植えつけられた生い立ちから、「人間の目から生気が失せる瞬間」にまるで麻薬のように取り付かれた彼は、少なくとも二二人の尊い命を奪った。

医学の分野では、サイコパスを始め、連続殺人犯や大量殺人犯は遺伝によるところが大きいとしている。確かに、私が交流を続けている殺人犯たちの中にも、現時点で環境的要因がハッキリしない者が数名いる。しかし、私は、トミーとのこうしたやり取りから、凶悪犯たちの背後には、必ずしかるべき環境要因が隠されており、親交を深めることにより必ず明確な原因を突き止めることができると確信している。

犬でも、毎日毎日叩かれ続ければ、自己防衛から飼い主に対して噛みつくようになる。トミーのケースもそれとまったく同じだと言える。とはいえ、彼の人生と全く関係のない第三者を殺害することが許されるはずがない。彼に宛てた最後の手紙の中で、私は「母親を許すなどということはできないだろうと思うけど、君が殺害した被害者たちの中には、ひょっとして、出会い方が違っていたら、叔母さんと同じように君に親切にしてくれた人もいたかもしれない。そうした人たちに対してだけは、心の中で謝罪してはどうだろう。そうすることによって、君自身も幾分心が穏やかになれると思うんだ」と私は書いた。処刑の直前に届いたはずのその手紙には当然返事が帰って来ることはなかった…しかし、彼が処刑直前に担当官に対し、「辞世の言葉は敢えて残したくない」と伝え、周りを見ることもなく無言で自分の死を受け入れたこと自体、独りよがりに聞こえるかもしれないが、私は、私が書いた最後の手紙に対する彼の返事であったのではないかと思っている。

この世に生まれ、誰にも愛されることなく、まるで社会全体から追いやられるような形でこの世を去って行ったトミー。彼の気持ちを考えると、私は改めて、こうした彼のような人間を二度と生み出してはならないと強く心に誓った。そのためにも、「家庭」という「ブラックボックス」の中の真相をさらに解明すると共に、人間が犯しうる究極の非人道的行為を可能にする原因を解明し、その撲滅を社会に訴えて行きたい。

〔引用・参考和文献〕

高山文彦『麻原彰晃の誕生』文芸新書　二〇〇六年

林眞須美他『和歌山カレー事件』創出版　二〇一四年

草薙厚子『追跡！　佐世保小6女児同級生殺害事件』講談社　二〇〇五年

大下英治『勝田清孝の冷血』現代書林　一九八三年

来栖宥子『１１３５事件―勝田清孝の真実』恒友出版　一九九六年

町沢静夫『佐賀バスジャック事件の警告』マガジンハウス　二〇〇〇年

古村龍也・雀部俊毅『図解・犯罪心理分析マニュアル』同文書院　一九九七年

小野一光『家族喰い―尼崎連続変死事件の真相』太田出版　二〇一三年

藤井誠二『人を殺してみたかった―愛知県豊川市主婦殺人事件』双葉社　二〇〇一年

宮崎勤『夢の中―連続幼女殺害事件被告宮崎勤』創出版　一九九八年

宮崎勤『夢の中、今も』創出版　二〇〇六年

岡江晃『宅間守精神鑑定書』亜紀書房　二〇一三年

黒木昭雄『秋田連続児童殺害事件』草思社　二〇〇七年

長谷川博一『殺人者はいかに誕生したか』新潮社　二〇一〇年

少年Aの父母『少年A―この子を生んで』文春文庫　二〇〇一年

マーサ・スタウト、木村博江訳『良心をもたない人たち』草思社　二〇一二年

元少年A『絶歌―神戸連続児童殺傷事件』太田出版　二〇一五年

[引用・参考欧文献]

John Douglas & Mark Olshaker (1999) *The Anatomy of Motive*, Mindhunters Inc.

Holmes, R. M. & DeBurger, J. E. (1985) Plofiles in terror: The serial murderer. *Federal Probation*, 49, 29-34.

Bartol, C. R. & Bartol, A. M. (2005) *Criminal Behavior: A Psychosocial Approach*. Englewood Cliffs, NJ: Prentice-Hall.

Dietz, P. (1986) Mass, serial and sensational homicides. *Bullentin of New York Academy of Medicine*, 62, 477-491.

Holmes, R. M. & Holmes, S. T. (1998) *Serial Murder* (2nd ed.). Thousand Oaks, CA: Sage.

著者紹介

阿部　憲仁（あべ　けんじん）

横浜桐蔭大学・全国篤志面接委員連盟理事。教育学博士（Ed. D.)。

米国で移民教育に従事後、全米のギャング・マフィア・白人至上主義・連続殺人犯・大量殺人犯等、数多くの凶悪犯との直接のやり取りを通し、日本の安全な家庭・社会のあり方を提言。

また、平和活動家として二〇一五年にノーベル平和賞に名誉来賓として召喚される。

ドクター国際社会病理。

アメリカ凶悪犯罪の専門家が明かす
無差別殺人犯の正体
――連続殺人・大量殺人が起こる本当の理由――

◉検印省略

二〇一六年一月三〇日　第一版第一刷発行

著　者　阿　部　憲　仁
発行者　田　中　千津子

発行所　株式会社　学　文　社
〒153-0064　東京都目黒区下目黒3-6-1
☎03(3715)1501　FAX03(3715)2012
振替　00130-9-98842
http://www.gakubunsha.com

印刷／東光整版印刷㈱

ISBN 978-4-7620-2590-7